UNE MINUTE DE SAGESSE

Anthony De Mello, s.j.

UNE MINUTE DE SAGESSE

Traduit de l'anglais
par Clifford Bacon

BELLARMIN
Montréal

DESCLÉE DE BROUWER
Paris

Les livres du Père Anthony De Mello furent écrits dans un contexte multireligieux afin d'aider les fidèles des autres religions, les agnostiques et les athées dans leur recherche spirituelle. L'intention de l'auteur n'était pas d'en faire des manuels d'éducation de la foi catholique dans une perspective de doctrine ou de dogmatique chrétienne.

Données de catalogage avant publication (Canada)

De Mello, Anthony, 1931-1987

Une minute de sagesse

Traduction de : One Minute Wisdom.
Publ. en collab. avec : Desclée de Brouwer.

ISBN 2-89007-882-5 (Bellarmin)
ISBN 2-220-04631-1 (Desclée de Brouwer)

1. Vie spirituelle.
2. Sagesse - Aspect religieux.
I. Titre.

BL624.D38514 1999 242 C99-940618-3

Dépôt légal : 3e trimestre 1999
Bibliothèque nationale du Québec

Les Éditions Fides remercient le ministère du Patrimoine canadien du soutien qui leur est accordé dans le cadre du Programme d'aide au développement de l'industrie de l'édition. Les Éditions Fides remercient également le Conseil des Arts du Canada et la Société de développement des entreprises culturelles du Québec (SODEC).

« Existe-t-il un moment de sagesse d'une minute ?
— Certainement, répond le Maître.
— Mais une minute, n'est-ce pas trop court ?
— C'est cinquante-neuf secondes de trop. »

Plus tard, à ses disciples, le Maître dit :
« Combien de temps faut-il pour entrevoir la lune ?
Et pourquoi toutes ces années d'entreprises spirituelles ?
Ouvrir les yeux peut prendre toute une vie.
Ou ne prendre qu'un instant. »

Dans les textes qui suivent, le Maître n'est pas une personne ordinaire. C'est un gourou hindou, un maître zen, un sage taoïste, un rabbin juif, un moine chrétien, un mystique soufi. Il est Lao Tseu aussi bien que Socrate, Bouddha aussi bien que Jésus, Zarathoustra aussi bien que Mahomet. Son enseignement commence au VIIe siècle avant Jésus-Christ et se prolonge dans notre XXe siècle. Sa sagesse appartient aussi bien à l'Est qu'à l'Ouest. Ses antécédents historiques sont-ils vraiment importants ? Après tout, l'Histoire n'est que l'exposé des apparences et fait souvent fi de la réalité ; on y trouve des doctrines, non du silence.

Une minute suffit pour lire chaque anecdote racontée dans ce livre. Vous trouverez sans doute le langage du Maître déconcertant, exaspérant, voire dénué de sens. Ce livre n'est pas un livre facile. Il a été écrit non pour instruire mais pour éveiller. Cachée dans ses pages (pas dans les mots imprimés, pas dans les histoires, mais dans l'esprit et le ton du livre, dans son atmosphère) se trouve la sagesse qui ne peut être transmise par le discours humain. Mais c'est en lisant ces pages et en vous efforçant de comprendre le langage énigmatique du Maître que vous rencontrerez peut-être l'Enseignement silencieux qui s'y cache, et que vous connaîtrez l'Éveil — et la transformation. C'est ce que veut dire « sagesse » : être transformé sans le moindre effort, par le simple fait de s'éveiller à la réalité qui ne se trouve pas dans les mots, mais au-delà des mots.

Si vous avez la chance de connaître l'Éveil de cette manière, vous comprendrez pourquoi le langage le plus subtil est celui qui est tu, l'action la plus délicate, celle qui n'est pas posée, le changement le plus étonnant, celui qui n'est pas voulu.

Soyez prudents, lisez ces contes à petites doses : un ou deux à la fois, pas plus. Une surdose réduirait leur potentiel de transformation.

I

LES MIRACLES

Un homme traverse terre et mer pour vérifier l'existence de la gloire extraordinaire du Maître.

« Quels miracles ton Maître a-t-il accompli ? demande-t-il à l'un de ses disciples.

— Eh bien, il y a miracle et miracle. Dans ton pays, on dit qu'il y a miracle lorsque Dieu accomplit la volonté de quelqu'un. Dans notre pays, on dit qu'il y a miracle lorsque quelqu'un accomplit la volonté de Dieu. »

L'ÂGE ADULTE

À un disciple qui passe sa vie en prière, le Maître dit : « Quand cesseras-tu de t'appuyer sur Dieu ? Quand voleras-tu de tes propres ailes ? »

Ces paroles étonnent le disciple. « Mais c'est vous qui nous avez appris à considérer Dieu comme le Père !

— Quand comprendras-tu que le père n'est pas quelqu'un sur lequel on s'appuie mais quelqu'un qui nous aide à nous débarrasser de cette habitude ? »

LA SENSIBILITÉ

« Comment ressentir mon harmonie avec la création ?

— En écoutant, répond le Maître.

— Et comment dois-je écouter ?

— Deviens une oreille qui prête attention à tout ce que dit l'univers. Dès que tu entends tes propres paroles, cesse d'écouter. »

L'ABSURDITÉ

Le Maître se met à frotter un bout de brique sur le plancher de la pièce où médite un disciple.

Au début, ce dernier est content de voir que le Maître met son pouvoir de concentration à l'épreuve. Mais lorsque le bruit devient insupportable, il s'exclame : « Que diable faites-vous ? Ne voyez-vous pas que je médite ?

— Je polis ce morceau de brique pour en faire un miroir, dit le Maître.

— Vous êtes fou ! Comment peut-on faire un miroir avec un morceau de brique ?

— Je ne suis pas plus fou que toi ! Comment peut-on faire du moi un être qui médite ? »

LA CLARTÉ

« N'essaie pas de trouver Dieu, dit le Maître. Contente-toi de regarder et tout te sera révélé.

— Mais comment doit-on regarder ?

— Chaque fois que tu regardes quelque chose, contente-toi de voir ce qui est et rien de plus. »

Les disciples sont perplexes. Alors le Maître dit les choses plus simplement : « Par exemple, quand vous regardez la lune, contentez-vous de voir la lune et rien de plus.

— Que pourrait-on voir d'autre en ne regardant que la lune ?

— Celui qui a faim pourrait voir une boule de fromage. Celui qui aime, le visage de sa bien-aimée. »

LA RELIGION

Au cours de l'un de ses voyages, le gouverneur s'arrête pour rendre hommage au Maître.

« Les affaires de l'État ne me laissent pas le temps pour de longues dissertations. Pourriez-vous me résumer l'essence de la religion en un ou deux paragraphes ?

— Dans l'intérêt de Votre Majesté, je vais résumer cette essence en un seul mot.

— Incroyable ! Et quel est ce mot hors du commun ?

— Silence.

— Et quelle est la voie qui nous y mène ?

— Méditation.

— Puis-je vous demander ce qu'est la méditation ?

— Silence. »

LA SPIRITUALITÉ

Bien que ce jour-là le Maître se consacre au silence, un voyageur le supplie de lui transmettre une parole de sagesse qui pourra lui servir de guide au cours du voyage de la vie.

Hochant la tête avec bienveillance, le Maître prend une feuille de papier et y écrit un mot : *conscience.*

Dérouté, le visiteur lui dit : « C'est fort bref. Pourriez-vous vous étendre davantage sur cette idée ? »

Sur ce, le Maître reprend la feuille de papier et écrit : *conscience, conscience, conscience.*

— Mais que *veulent dire* ces mots ? », demande l'étranger d'un ton où perce l'incompréhension.

« Le Maître reprend de nouveau le papier et écrit : *conscience, conscience et conscience veulent dire* CONSCIENCE.

LA VIGILANCE

« Y a-t-il quelque chose que je puisse faire pour mon édification personnelle ?

— Non. Comme il est impossible de faire se lever le soleil le matin.

— Alors à quoi peuvent servir ces exercices spirituels que vous prescrivez ?

— À vous empêcher de dormir quand le soleil commence à se lever. »

LA PRÉSENCE

« Où puis-je trouver la Connaissance ?

— Ici même.

— Quand cela arrivera-t-il ?

— Au moment même où l'on se parle.

— Alors pourquoi n'en fais-je pas l'expérience ?

— Parce que tu ne regardes pas.

— Où dois-je regarder ?

— Nulle part en particulier. Contente-toi de regarder.

— Où ?

— Là où ton regard se pose.

— Dois-je regarder d'une manière particulière ?

— Non. Contente-toi de regarder de la manière habituelle.

— Mais je regarde toujours de la même manière !

— Non.

— Non ?

— Pour regarder, il faut être présent. Toi, tu es le plus souvent ailleurs. »

LA PROFONDEUR

Le Maître dit à l'homme d'affaires: « Tout comme le poisson sur la terre ferme, celui qui se laisse entraîner dans le monde finit par périr. Le poisson doit retourner à l'eau et toi, à la solitude. »

L'homme d'affaires est estomaqué. « Dois-je abandonner mon entreprise et aller dans un monastère ? »

— Non, non. Garde ton entreprise et va dans ton cœur. »

L'INTÉRIORITÉ

Le disciple veut entendre une parole de sagesse.

Le Maître répond: « Va t'asseoir dans ta cellule. Elle t'apprendra ce qu'est la sagesse.

— Mais je n'ai pas de cellule. Je ne suis pas un moine.

— Tu as une cellule. À l'intérieur de toi-même. »

LE CHARISME

Le disciple est juif. « Quelles bonnes œuvres dois-je accomplir pour être accepté par Dieu ?

— Comment puis-je le savoir ? répond le Maître. Ta Bible dit qu'Abraham pratiquait l'hospitalité et que Dieu était avec lui. Élie aimait prier et Dieu était avec lui. David régnait sur un royaume et Dieu était avec lui.

— Comment savoir ce que je dois accomplir ?

— Cherche, dans ton cœur, l'inclination la plus profonde, et suis-la. »

L'HARMONIE

Malgré ce que l'on peut croire, le Maître a peu de respect pour les règles et les traditions.

Un jour, un disciple et sa fille se querellent à propos du choix du futur mari de cette dernière. Le père insiste pour qu'elle se conforme aux règles de leur religion.

Le Maître prend ouvertement le parti de la fille.

Lorsque le disciple s'étonne de ce qu'un saint homme puisse agir ainsi, le Maître dit : « Essaie de comprendre que la vie, c'est comme la musique, on crée davantage avec son instinct et ses sentiments qu'avec des règles. »

LA COMPRÉHENSION

« Comment puis-je obtenir la grâce de ne jamais juger mon voisin ?

— Par la prière.

— Je prie. Pourquoi ne l'ai-je pas encore trouvée ?

— Parce que tu n'as pas prié au bon endroit.

— Où se trouve-t-il ?

— Dans le cœur de Dieu.

— Et comment faire pour y pénétrer ?

— En comprenant que celui qui pèche ne sait pas ce qu'il fait et mérite d'être pardonné. »

L'ILLUSION

« Comment atteindre la Vie Éternelle ?

— La Vie Éternelle, c'est maintenant. Plonge-toi dans le présent.

— Mais ne suis-je pas déjà dans le présent ?

— Non.

— Pourquoi ?

— Parce que tu n'as pas abandonné le passé.

— Pourquoi devrais-je abandonner le passé ? Il n'est pas si mauvais.

— On n'abandonne pas le passé parce qu'il est mauvais, mais parce qu'il est mort. »

LA PROPHÉTIE

« J'aimerais devenir un enseignant de la Vérité.

— Es-tu prêt à être ridiculisé, ignoré, à vivre dans les privations jusqu'à l'âge de 45 ans ?

— Je le suis. Mais dis-moi : qu'arrivera-t-il lorsque j'aurai plus de 45 ans ?

— Tu auras pris l'habitude de vivre dans ces conditions. »

L'AMÉLIORATION

Un jeune homme gaspille toute la fortune dont il a hérité. Comme il arrive souvent dans ce genre de situation, il est abandonné par tous ses amis.

Désespéré, il va trouver le Maître et lui dit : « Je n'ai plus ni argent ni amis. Que va-t-il m'arriver ?

— Ne t'en fais pas, mon fils. Un jour, tout ira bien. »

Le jeune homme a une lueur d'espoir dans le regard. « Serai-je un jour à nouveau riche ?

— Non. Mais tu t'habitueras à être pauvre et solitaire. »

LE PRAGMATISME

La disciple, qui planifie le banquet de son mariage, annonce à ses amis que, par amour des pauvres, elle a convaincu ses parents d'aller à l'encontre des usages en acceptant que les invités démunis s'asseoient aux meilleures places et les invités richissimes près de la porte.

Elle regarde le Maître, dans l'attente de son approbation.

Le Maître réfléchit un instant, puis dit : « Je trouve cette décision regrettable, ma chère. Ce festin sera désagréable pour tout le monde. Ta famille sera embarrassée, les invités richissimes seront blessés et les pauvres auront faim car, gênés d'être assis aux meilleures places, ils n'oseront pas manger tout leur content. »

L'IGNORANCE

Le jeune disciple est un véritable prodige. Émerveillés par son savoir, les érudits viennent de partout pour lui demander conseil.

Lorsque le gouverneur se met à la recherche d'un conseiller, il va voir le Maître et lui demande : « Est-il vrai, Maître, que ce jeune homme sait tant de choses ?

— À vrai dire, répond le Maître, perplexe, ce garçon lit tellement que je ne vois pas où il pourrait trouver le temps d'apprendre quoi que ce soit. »

LES MYTHES

Le Maître transmet ses enseignements en les illustrant de paraboles et d'histoires que ses disciples écoutent avec plaisir mais aussi avec une certaine frustration, car ils sou-haitent un discours plus profond.

Le Maître reste indifférent. En réponse à leurs objections, il dit : « Vous n'avez toujours pas compris, mes chers amis, que la distance la plus courte entre un être humain et la Vérité est une histoire. »

Il leur dit aussi : « Gardez-vous de détester les histoires. C'est avec une chandelle d'un sou que l'on trouve une pièce d'or ; c'est par le biais d'une simple histoire que l'on découvre les vérités les plus profondes. »

LE BONHEUR

« Il me faut absolument de l'aide, sinon je vais perdre la tête. Nous habitons dans une seule chambre, ma femme, mes enfants et mes beaux-parents ! Résultat : nous avons tous les nerfs à vif, nous n'arrêtons pas de nous disputer. C'est l'enfer.

— Tu me promets de faire ce que je te dis ? dit gravement le Maître.

— Je jure que je ferai tout ce que vous me dites.

— Très bien. Combien d'animaux avez-vous ?

— Une vache, une chèvre et six poules.

— Mets-les aussi dans la chambre. Puis reviens me voir dans une semaine. »

Le disciple est consterné. Mais il a promis d'obéir au Maître. Il fait donc entrer les animaux dans la petite pièce. Une semaine plus tard, comme convenu, il va voir le Maître. Il fait vraiment triste figure. « J'ai les nerfs à bout ! La saleté ! L'odeur ! Le bruit ! Nous allons tous devenir fous !

— Rentre chez toi, ordonne le Maître, et mets les animaux dehors. »

L'homme court chez lui et fait ce que lui a dit le Maître. Puis il revient le voir le lendemain, les yeux pétillants de joie. « Que la vie est belle ! Les animaux sont partis. Notre appartement est un paradis : c'est si tranquille, si propre, si spacieux ! »

LA MÉDITATION

Le disciple s'endort et rêve qu'il est au Paradis. À son grand étonnement, il y trouve le Maître ainsi que d'autres disciples. Ils sont tous assis, plongés dans la méditation.

« C'est ça, la récompense du Paradis ? s'écrie-t-il. Mais c'est exactement le genre de choses que nous faisions sur terre ! »

Il entend quelqu'un s'exclamer : « Idiot ! Tu crois que ces gens sont au Paradis ? C'est tout à fait le contaire : c'est le Paradis qui est en eux. »

LE RÉALISME

Un joueur dit un jour au Maître : « Hier, on m'a surpris en train de tricher aux cartes. Mes partenaires m'ont passé à tabac, après quoi ils m'ont jeté par la fenêtre. Que dois-je faire ? »

Le Maître le regarde dans les yeux, puis lui dit : « Si j'étais toi, je jouerais désormais au rez-de-chaussée. »

Les disciples n'en croient pas leurs oreilles. « Pourquoi ne lui avez-vous pas dit d'arrêter de jouer ? »

Le Maître leur fait cette réponse simple et judicieuse : « Parce que je savais que cela ne servirait à rien. »

LA PAROLE

Le disciple meurt d'envie de raconter au Maître la rumeur qu'il a entendue au marché.

« Attends un instant, dit le Maître. Que comptes-tu nous raconter ? Est-ce une chose vraie ?

— Je ne crois pas.

— Une chose utile ?

— Non.

— Drôle ?

— Non.

— Alors pourquoi devrions-nous l'entendre ? »

LE SOULAGEMENT SPIRITUEL

Le Maître prétend qu'aucune parole employée dans un contexte approprié n'est mauvaise.

Lorsqu'on lui dit que l'un de ses disciples a l'habitude de jurer, il fait cette remarque : « C'est un fait connu que les jurons peuvent procurer ce que la prière n'est pas toujours en mesure d'apporter : le soulagement spirituel. »

LE COMMÉRAGE

Un disciple avoue la mauvaise habitude qu'il a de se livrer au commérage.

D'un ton malicieux, le Maître dit : « Répéter ces commérages ne serait pas si terrible si tu n'y ajoutais pas des détails de ton cru. »

LE MOUVEMENT

Aux disciples qui ne cessent de demander qu'on leur transmette des paroles de sagesse, le Maître dit : « La sagesse ne s'exprime pas par la parole, mais par l'action. »

Mais lorsqu'il les voit se lancer dans l'action, il rit de bon cœur et dit : « Ce ne sont pas des actions, mais de l'agitation. »

L'EMPRISONNEMENT

« Tu es si fier de ton intelligence, dit le Maître au disciple. Tu es comme le condamné qui est fier de la largeur de sa cellule. »

II

L'IDENTITÉ

« Comment recherche-t-on l'union avec Dieu ?

— Plus tu recherches cette union, plus la distance entre Dieu et toi s'élargit.

— Que faire ?

— Comprendre, d'abord, que cette distance n'existe pas.

— Cela veut-il dire que Dieu et moi ne faisons qu'un ?

— Pas un. Mais pas deux non plus.

— Comment est-ce possible ?

— Le soleil et sa lumière, l'océan et la vague, le chanteur et sa chanson ne font pas un. Mais ils ne font pas deux non plus. »

LA DISCRIMINATION

Délaissé par sa compagne, l'amoureux dit : « Je me suis brûlé une fois à la flamme. C'est fini. Jamais plus je ne serai amoureux. »

Le Maître a cette réplique pleine de finesse : « Tu es comme le chat qui, s'étant brûlé au poêle sur lequel il s'est assis, décide de ne plus jamais s'asseoir. »

L'AUTOMATISME

« Laquelle des deux choses est la plus importante : la sagesse ou l'action ? », demande un jour le Maître à ses disciples.

Les disciples sont unanimes : « L'action, bien sûr. À quoi sert la sagesse si elle ne se manifeste pas dans l'action ? »

Le Maître répond : « À quoi bon l'action qui découle d'un cœur non éclairé ? »

L'ADORATION

Au disciple qui lui montre trop de respect, le Maître dit : « La lumière se reflète sur le mur. Pourquoi vénérer le mur ? Sois plutôt attentif à la lumière. »

L'ESQUIVE

Un touriste qui, dans le temple, examine les portraits d'anciens Maîtres, demande au guide : « Reste-t-il des Maîtres sur la terre ?

— Il en reste un », répond l'homme.

Le touriste sollicite une audience auprès du Maître. Lorsqu'elle lui est accordée, il lui pose cette question : « Où peut-on trouver les grands Maîtres aujourd'hui ?

— Voyageur..., commence le Maître.

— Monsieur ! réplique le touriste avec vénération.

— Où es-TU ?

LE DESTIN

À une femme qui se plaint de son triste sort, le Maître dit : « L'être humain façonne son propre destin.

— Mais je ne suis certainement pas responsable du fait d'être une femme ?

— Le fait d'être une femme n'a rien à voir avec le sort. C'est plutôt une question de destin. Le destin, c'est la manière avec laquelle on accepte le fait d'être une femme, et ce qu'on en fait. »

LA RENAISSANCE

« Romps avec ton passé et tu connaîtras l'Illumination, » dit le Maître.

— Je vais procéder par étapes.

— La croissance se fait par étape. L'Illumination est instantanée. »

Plus tard, le Maître prononce ces paroles : « Fais le grand saut ! On ne traverse pas un gouffre par petits bonds. »

LES RÊVES

« Quand parviendrai-je à la connaissance ?

— Quand tu *verras*, dit le Maître.

— Quand je verrai quoi ?

— Les arbres, les fleurs, la lune, les étoiles.

— Mais je vois ces choses tous les jours.

— Non. Ce que tu vois, ce sont des arbres, des fleurs, une lune et des étoiles sans valeur. Car tu ne vis pas dans la réalité, mais dans tes paroles et tes pensées. »

Plein de compassion, le Maître ajoute avec douceur : « Tu vis, hélas, une vie dépourvue de valeur, et tu mourras d'une mort sans valeur. »

LA TRANSFORMATION

À un disciple qui ne cesse de se plaindre de son entourage, le Maître dit : « Si tu recherches la tranquillité, c'est toi-même que tu dois changer, et non pas les autres. Il est plus facile de se protéger les pieds avec des pantoufles que de recouvrir la terre entière d'un tapis. »

LA RÉACTION

On demande au Maître sur quels critères il se base pour choisir ses disciples.

« Je me comporte avec modestie et humilité. Ceux qui se montrent arrogants avec moi, je les rejette immédiatement. Et je fais de même de ceux qui me vénèrent en raison de mon humilité. »

LA PHILOSOPHIE

Avant qu'il ne devienne un disciple, le visiteur veut que le Maître le rassure sur certains points.

« Pouvez-vous m'apprendre le but de la vie ?

— Non, je ne le peux pas.

— Ou du moins sa signification ?

— Non, je ne le peux pas.

— Pouvez-vous m'expliquer la nature de la mort et celle de la vie au-delà de la tombe ?

— Non, je ne le peux pas. »

Le visiteur s'en va, frustré et mécontent. Les disciples sont consternés. Cet échange leur a montré leur Maître sous un jour défavorable. D'un ton rassurant, ce dernier leur offre cette explication : « À quoi bon comprendre la nature et le sens de la vie si on n'y a jamais goûté ? Je préférerais que vous mangiez votre dessert plutôt que de spéculer sur sa composition. »

LA VIE DE DISCIPLE

À un visiteur qui lui demande s'il peut devenir son disciple, le Maître répond : « Tu peux vivre avec moi, mais à une condition : tu ne deviendras pas mon disciple.

— Dans ce cas, qui vais-je suivre ?

— Personne. Le jour où tu suivras quelqu'un, tu cesseras de suivre la Vérité. »

L'AVEUGLEMENT

« Puis-je devenir votre disciple ?

— Tu n'es un disciple que parce que tes yeux sont fermés. Le jour où tu les ouvriras, tu comprendras que tu n'as rien à apprendre de qui que ce soit, y compris de moi-même.

— Alors à quoi peut servir un Maître ?

— À te faire comprendre l'inutilité d'en avoir un. »

LA MÉDIATION

« Pourquoi as-tu besoin d'un Maître ? demande un visiteur à l'un des disciples.

— Pour être chauffée, l'eau nécessite un récipient qui serve d'intermédiaire entre le feu et elle », répond le disciple.

LA SURVIE

Chaque jour, le disciple pose la même question : « Comment vais-je trouver Dieu ? »

Et chaque jour, on lui donne la même réponse, pleine de mystère : « Par le biais du désir.

— Mais je désire Dieu de tout mon cœur ! Alors pourquoi ne l'ai-je pas encore trouvé ? »

Un jour, le Maître se baigne dans une rivière avec ce même disciple. Soudain, il enfonce la tête de ce dernier sous l'eau, la maintenant dans cette position tandis que le malheureux se débat désespérément.

Le lendemain, le Maître lui demande : « Pourquoi t'es-tu tant débattu quand je maintenais ta tête sous l'eau ?

— Parce que je voulais respirer.

— Lorsque tu recevras la grâce de chercher Dieu avec l'énergie que tu mettais à vouloir respirer, tu le trouveras. »

LA DÉPENDANCE

À un disciple qui dépend trop des livres, le Maître dit :

« Un homme arrive au marché avec une liste de courses qu'il perd aussitôt. Lorsqu'à sa grande joie il la retrouve, il s'empresse de la lire, puis la conserve précieusement jusqu'à ce qu'il ait terminé ses emplettes. Après quoi il s'en débarrasse comme on se débarrasse d'un vieux bout de papier. »

L'ÉVASION

Le Maître devient une légende de son vivant. Le bruit court que Dieu lui a un jour demandé conseil en ces termes : « Je veux jouer à cache-cache avec l'humanité. J'ai demandé à mes anges de m'indiquer la meilleure cachette. Certains ont répondu : le fond de l'océan. D'autres : le sommet de la plus haute montagne. D'autres encore : la face sombre de la lune, ou une étoile lointaine. Que suggères-tu ? »

Le Maître répond : « Cache-toi dans le cœur humain. C'est le dernier endroit auquel on pensera ! »

LA NON-VIOLENCE

Dans le village, un serpent a mordu tant de gens que plus personne n'ose s'aventurer dans les champs.

Plus tard, on dit du Maître qu'il a non seulement apprivoisé le serpent mais l'a également persuadé de pratiquer la non-violence.

Les villageois découvrent bien vite que le serpent est devenu inoffensif. Ils se mettent à lui lancer des pierres, à lui tirer la queue.

Couvert de meurtrissures, le serpent entre un soir dans la maison du Maître afin de lui exprimer son mécontentement. Ce dernier lui dit : « Cher ami, tu ne fais plus peur aux gens, comme c'est malheureux !

— Mais n'est-ce pas toi qui m'a appris la non-violence ?

— Je t'ai dit de ne plus mordre, pas d'arrêter de siffler ! »

LA DISTRACTION

Un débat orageux s'élève parmi les disciples : quelle est la tâche la plus difficile ? Mettre sur papier l'Évangile que Dieu a révélé ? comprendre ce que Dieu a révélé dans l'Évangile ? ou expliquer aux autres le sens de l'Évangile après l'avoir saisi soi-même ?

Lorsqu'on lui demande son opinion, le Maître répond : « Je connais une tâche encore plus difficile que ces trois-là.

— Laquelle ?

— Essayer de faire voir la réalité à une bande d'imbéciles comme vous. »

LE RETOUR AU FOYER

« Il y a trois étapes dans l'évolution spirituelle d'un individu, dit le Maître. L'étape charnelle, l'étape spirituelle et l'étape divine.

— Parlez-nous de l'étape charnelle, demandent les disciples, plus passionnés les uns que les autres.

— C'est l'étape où les arbres sont perçus comme des arbres et les montagnes comme des montagnes.

— Et l'étape spirituelle ?

— C'est lorsqu'on regarde les choses en profondeur. Alors les arbres ne sont plus des arbres et les montagnes ne sont plus des montagnes.

— Et l'étape divine ?

— L'étape divine, c'est la Connaissance, dit le Maître avec un petit rire, c'est lorsque les arbres redeviennent des arbres et les montagnes des montagnes. »

LA STÉRILITÉ

Le Maître n'a que faire des discours savants. Il les appelle « perles de sagesse ».

« Mais si ce sont des perles, pourquoi les dédaignez-vous ? demandent les disciples.

— Connaissez-vous des perles qui croissent quand on les plante dans un champ ? », répond-il.

SANS RÉPONSE

« À quoi bon vos connaissances et vos dévotions ? Un âne devient-il plus sage lorsqu'il vit dans une bibliothèque ? Une souris parvient-elle à la sainteté parce qu'elle habite dans une église ?

— Alors de quoi avons-nous besoin ?

— Vous avez besoin d'un cœur.

— Et comment l'obtient-on ? »

Le Maître se tait. Que peut-il dire qui ne soit pas transformé en sujet d'apprentissage ou de dévotion ?

L'ARRIVÉE

« La voie de Connaissance est-elle facile ou difficile ?

— Ni l'un ni l'autre.

— Pourquoi ?

— Parce qu'elle n'existe pas.

— Alors comment se rendre au but ?

— On ne s'y rend pas. C'est un voyage sans distance. On n'y arrive que lorsqu'on cesse de voyager. »

L'ÉVOLUTION

Le jour suivant, le Maître dit : « Il est plus facile, hélas, de voyager que de s'arrêter. »

Les disciples sont curieux de savoir pourquoi.

« Tant que l'on voyage vers un but, on peut entretenir un rêve. Lorsqu'on s'arrête, on doit faire face à la réalité.

— Comment peut-on changer si nous n'avons ni rêve ni but ? demandent les disciples, perplexes.

— Le véritable changement est le changement qui n'est pas voulu. Faites face à la réalité et le changement non voulu se produira. »

L'INCONSCIENCE

« Où puis-je trouver Dieu ?

— Il est devant toi.

— Alors pourquoi suis-je incapable de le voir ?

— Pourquoi l'ivrogne est-il incapable de voir sa maison ? »

Plus tard, le Maître ajoute : « Essaie de découvrir ce qui te rend ivre. Il faut être sobre pour voir. »

LA RESPONSABILITÉ

Le Maître part en voyage avec l'un de ses disciples. Aux abords d'un village, ils rencontrent le Gouverneur qui, croyant à tort qu'ils sont venus lui souhaiter la bienvenue, déclare : « Ce n'était vraiment pas nécessaire de venir ici pour m'accueillir.

— Vous vous trompez, votre Honneur, répond le disciple. Nous partions en voyage, mais si nous avions su que vous veniez au village, nous n'aurions pas ménagé nos efforts pour venir vous y accueillir. »

Le Maître ne souffle mot. Mais, le soir venu, il dit ceci : « Fallait-il vraiment que tu lui dises que nous n'étions pas venus pour lui souhaiter la bienvenue ? N'as-tu pas remarqué sa gêne ?

— Mais si nous lui avions caché la vérité, ne nous sentirions-nous pas coupables de l'avoir trompé ?

— Nous ne l'aurions pas trompé, dit le Maître. Il se serait trompé lui-même. »

L'ATHÉISME

À la grande joie des disciples, le Maître annonce qu'il veut une nouvelle chemise pour son anniversaire. On achète le meilleur tissu. Le tailleur du village vient prendre les mesures du Maître et promet, si Dieu le veut, que la chemise sera prête dans une semaine.

Au bout d'une semaine, un disciple va chercher la chemise que le Maître attend avec impatience. « Il y a eu un léger contretemps, explique le tailleur. Mais, si Dieu le veut, elle sera prête demain. »

Le jour suivant, le tailleur déclare : « Je suis désolé, mais la chemise n'est toujours pas prête. Revenez demain et, si Dieu le veut, vous l'aurez sans défaut. »

Le lendemain, le Maître dit : « Demandez-lui combien de temps cela va prendre encore s'il s'obstine à mettre Dieu de la partie. »

LA PROJECTION

« Comment se fait-il que, parmi tous les gens présents, je sois le seul qui ne soit pas heureux ?

— Parce que les autres ont appris à voir la bonté et la beauté en tout lieu.

— Pourquoi ne suis-je pas en mesure de le faire ?

— Parce que tu es incapable de voir en dehors de toi ce que tu es incapable de voir à l'intérieur. »

LES PRIORITÉS

Selon la légende, Dieu envoie un ange chez le Maître avec ce message : « Demandez que l'on vous laisse vivre un million d'années et ce souhait vous sera accordé. Ou même cent millions d'années... Combien de temps aimeriez-vous vivre ?

— Quatre-vingts ans », répond le Maître sans la moindre hésitation.

Les disciples sont consternés. « Mais Maître, si vous pouviez vivre un million d'années, pensez aux innombrables générations qui profiteraient de votre sagesse.

— Si je vivais un million d'années, les gens seraient beaucoup plus intéressés à prolonger leur vie qu'à cultiver la sagesse. »

LA PARESSE

À un homme qui hésite avant de se lancer dans une quête spirituelle car il craint l'effort et le renoncement que cette quête exige, le Maître dit : « Combien d'efforts faut-il faire pour que nous puissions enfin ouvrir les yeux et voir ? »

III

L'ABANDON

« Que dois-je faire pour parvenir à la connaissance ?

— Rien.

— Pourquoi ?

— Parce que ce n'est pas en faisant quelque chose que l'on parvient à la connaissance. Lorsqu'on y parvient, c'est sans rien faire.

— Il semble bien difficile de l'atteindre !

— Au contraire.

— Comment ?

— Je vous l'ai dit. En ne faisant rien.

— Et que doit-on faire pour atteindre cet état d'abandon ?

— Que *fait-on* pour s'endormir et se réveiller ? »

L'EXPRESSION

Un homme qui écrit sur la religion s'intéresse aux opinions du Maître.

« Comment découvre-t-on Dieu ? »

Le Maître répond vivement : « En blanchissant le cœur par la méditation silencieuse, et non en noircissant du papier avec des discours religieux. »

Se tournant vers ses disciples érudits, il ajoute, en plaisantant : « Ou en se lançant dans d'interminables conversations savantes. »

LA DÉCOUVERTE

« Aide-nous à découvrir Dieu.

— Personne ne peut vous aider.

— Pourquoi ?

— Pour la même raison que l'on ne peut aider un poisson à trouver l'océan. »

LE RETRAIT

« Comment puis-je aider ce monde ?

— En le comprenant, répond le Maître.

— Et comment puis-je le comprendre ?

— En te détournant de lui.

— Alors comment vais-je faire pour sauver l'humanité ?

— En te comprenant toi-même. »

LA RÉCEPTIVITÉ

« Je désire apprendre. Acceptez-vous d'être mon professeur ?

— Je ne crois pas que tu saches comment apprendre, répond le Maître.

— Pouvez-vous me montrer comment apprendre ?

— Peux-tu apprendre à me laisser enseigner ? »

À ses disciples perplexes, le Maître offre cette explication : « Il n'y a enseignement que là où il y a apprentissage. Il n'y a apprentissage que lorsqu'on apprend quelque chose à *soi-même*. »

LA CONVERSION

À un groupe de disciples qui veulent à tout prix faire un pèlerinage, le Maître dit : « Emportez cette gourde amère avec vous. Plongez-la dans toutes les rivières saintes et emmenez-la dans tous les lieux saints. »

Lorsque les disciples reviennent, la gourde amère est cuite et devient nourriture sacramentelle.

Le Maître goûte à cette nourriture. « Comme c'est curieux, dit-il d'un air espiègle, l'eau bénite et les lieux saints ne lui ont pas donné un goût plus sucré ! »

LA CAUSALITÉ

Chacun s'étonne de cette métaphore très actuelle employée par le Maître : « La vie est comme une automobile. »

Les disciples attendent une explication en silence, sachant que celle-ci ne tardera pas.

« En effet, dit le Maître, on peut se servir d'une automobile pour escalader les hauteurs. »

Silence.

« Mais il y a des gens qui se couchent devant elle, se laissant volontairement écraser. Puis ils rejettent sur la voiture la responsabilité de l'accident. »

LA COERCITION

De ceux qui veulent devenir ses disciples, le Maître exige de la persévérance dans les intentions.

Mais le Maître gronde ses disciples lorsqu'ils s'acharnent dans leur quête spirituelle. Il leur propose une attitude sérieuse mais empreinte de légèreté, comme celle de l'athlète dans l'arène, ou celle du comédien sur la scène de théâtre.

Il faut aussi beaucoup, beaucoup de patience. « Les fleurs forcées sont sans parfum, dit-il. Les fruits forcés sont sans saveur. »

LE CALCUL

Le Maître se moque des disciples qui réfléchissent interminablement avant de prendre une décision.

Il dit ceci : « Ceux qui réfléchissent ainsi avant de faire un pas passent leur vie sur une jambe. »

LA RÉVOLUTION

Le monastère a ses règles mais le Maître met ses disciples en garde contre la tyrannie de la loi.

« L'obéissance préserve les règles, dit-il. L'amour sait quand il est nécessaire de les enfreindre. »

L'IMITATION

Après que le Maître est parvenu à la connaissance, il s'est mis à vivre simplement, parce que cela correspondait à son inclination.

Il rit lorsque ses disciples décident de l'imiter et de vivre simplement.

« À quoi bon imiter mon comportement, dit-il, pour des raisons qui ne sont pas les miennes ? Ou adopter mes motivations sans la vision qui les sous-tend ? »

Les disciples saisissent mieux ses paroles quand il leur dit : « Une chèvre devient-elle un rabbin parce qu'elle se laisse pousser une barbiche ? »

LA SOLITUDE

À un disciple toujours en quête de réponses, le Maître dit: « Tu as en toi la réponse à toutes tes questions; il suffit de savoir comment les trouver. »

Un jour, il déclare ceci: « Au pays de l'esprit, on ne peut marcher en s'orientant grâce à la lumière d'une lampe qui n'est pas la nôtre. Tu veux emprunter la mienne. Mais je préférerais te montrer comment construire ta propre lampe. »

LES ŒILLÈRES

« Si tu fais de moi une autorité, dit le Maître à un disciple ingénu, tu te fais du mal en ce sens que tu refuses de voir les choses par tes propres yeux. »

Après une courte pause, il ajoute: « Tu me fais du tort à moi aussi, car tu refuses de me voir tel que je suis. »

L'HUMILITÉ

À un visiteur qui se décrit comme un chercheur en quête de Vérité, le Maître déclare: « Si tu recherches la Vérité, tu dois posséder une qualité plus essentielle que toutes les autres.

— Je sais. Une irrésistible passion pour la Vérité.

— Non. La volonté d'admettre, en tout temps, que tu as peut-être tort. »

LA RÉPRESSION

Le Maître est dans le coma. Il gît sur son lit de misère depuis plusieurs semaines. Un jour, ouvrant soudainement les yeux, il aperçoit à ses côtés son disciple préféré.

« Tu ne me quittes jamais, n'est-ce-pas, dit-il d'une voix douce.

— Non, Maître. Cela m'est impossible.

— Et pourquoi donc ?

— Parce que vous êtes la lumière de ma vie. »

Le Maître soupire. « T'ai-je si ébloui, mon fils, que tu refuses toujours de voir la lumière qui est en *toi* ? »

L'EXPANSION

Le célèbre économiste explique son projet de développement au Maître. Ce dernier est très intéressé par son discours.

« Dans une théorie économique, n'y a-t-il pas d'autres facteurs que le développement à considérer ? demande-t-il.

— Tout développement est bon en soi.

— N'est-ce pas là ce que pense la cellule cancéreuse ? » dit le Maître.

L'ACCEPTATION

« Comment puis-je devenir un grand homme comme toi ?

— Pourquoi devenir un grand homme ? réplique le Maître. Être un homme est un exploit déjà bien assez grand. »

LA VIOLENCE

Le Maître explique que la culpabilité — *toute* culpabilité — est une émotion malsaine que l'on doit éviter comme le diable.

« Mais ne doit-on pas haïr ses péchés ? demande un des disciples.

— Quand on est coupable, ce ne sont pas nos péchés que nous détestons, mais nous-mêmes. »

HORS DE PROPOS

Ce jour-là, lors de la réunion, toutes les questions portent sur la vie après la mort.

Le Maître se contente de rire, ne répondant à aucune des questions qu'on lui pose.

À ses disciples qui lui demandent pourquoi il leur échappe comme une anguille, il répond : « N'avez-vous pas remarqué que les personnes qui désirent la vie éternelle sont généralement celles qui ne savent pas quoi faire de leur vie ?

— Mais y a-t-il ou non une vie après la mort ? demande un des disciples avec insistance.

— On devrait plutôt se demander s'il y a une vie avant la mort ! », répond le Maître, ironique.

LE DÉFI

Un disciple décontracté se plaint de n'avoir jamais ressenti ce silence que le Maître ne cesse de recommander.

Ce dernier explique : « Le silence n'est donné qu'aux gens actifs. »

L'IDÉOLOGIE

Des militants politiques s'efforcent de convaincre le Maître que leur idéologie changerait le monde.

Ce dernier les écoute attentivement.

Le lendemain, il leur dit : « Une idéologie est aussi bonne ou mauvaise que les personnes qui s'en servent. Si un million de loups militaient pour la justice, cesseraient-ils pour cela d'être des loups ? »

LA MORALITÉ

Les disciples sont souvent préoccupés par des questions portant sur le bien et le mal. Parfois les réponses sont évidentes. Parfois elles leur échappent.

S'il lui arrive d'être présent à une discussion, le Maître n'intervient pas. Un jour, on lui pose la question suivante : « A-t-on droit de tuer une personne qui veut nous tuer ?

— Comment puis-je le savoir ? », dit le Maître.

Choqués par cette réponse, les disciples s'exclament : « Alors comment distinguer le bien du mal ?

— Tant que vous êtes en vie, faites comme si vous étiez morts, tout à fait morts, dit le Maître. Puis agissez comme vous l'entendez, et vos actes seront adéquats. »

L'IMAGINATION

« Quel est le plus grand ennemi de la connaissance ?

— La peur.

— Et d'où vient la peur ?

— De l'illusion.

— Et qu'est-ce que l'illusion ?

— Croire que les fleurs autour de soi sont des serpents venimeux.

— Comment puis-je parvenir à la connaissance ?

— Ouvre tes yeux et vois.

— Quoi ?

— Qu'il n'y a aucun serpent autour de toi. »

COMMANDE À DISTANCE

À un disciple timide qui veut prendre confiance en lui-même, le Maître dit : « Tu recherches la certitude dans le regard d'autrui et tu crois que cela veut dire avoir confiance en soi-même.

— Cela veut-il dire que je ne dois attacher aucune importance aux opinions d'autrui ?

— Au contraire. Pèse bien ce que les gens disent, mais ne te laisse pas dominer par leurs opinions.

— Que faire pour briser cette domination ?

— Ce que l'on fait pour briser une illusion. »

L'INVESTISSEMENT

« Comment me débarrasser de la peur ?

— Comment te débarrasser de ce à quoi tu t'accroches ?

— Tu veux dire que je m'accroche à mes peurs ? Je ne suis pas d'accord.

— Pense à ce contre quoi ta peur te protège et tu seras d'accord ! Alors tu verras ta sottise. »

LA CONSCIENCE

« Obtient-on le salut grâce à l'action ou grâce à la méditation ?

— Ni l'une ni l'autre. On obtient le salut quand on voit.

— Quand on voit quoi ?

— Que le collier en or que l'on aimerait posséder est autour de notre cou. Que le serpent qui nous fait si peur n'est qu'un bout de corde traînant par terre. »

LE SOMNAMBULISME

Le Maître étant en veine de confidences, ses disciples lui demandent ce que la Connaissance lui a apporté. « Avez-vous atteint la divinité ?

— Non.

— Êtes-vous devenu un saint homme ?

— Non.

— Alors qu'êtes-vous devenu ?

— Un homme éveillé. »

LE DÉTACHEMENT

Les disciples sont curieux de savoir pourquoi le Maître, qui vit très modestement, refuse de condamner ceux d'entre eux qui sont riches.

« Il est rare mais pas impossible qu'une personne soit à la fois riche et sainte, dit-il un jour.

— Quand cela est-il possible ?

— Quand l'argent a le même effet sur le cœur que l'ombre d'un bambou dans une cour. »

Sur ce, les disciples se retournent pour regarder l'ombre du bambou balayer la cour sans faire lever le moindre grain de poussière.

LA DISTINCTION

Le Maître se promène le long de la rivière avec quelques disciples.

Il dit : « Voyez, les poissons nagent où bon leur semble. C'est ce qu'ils aiment faire. »

Un étranger qui a entendu la remarque réplique : « Comment savez-vous ce qu'aiment les poissons ? Êtes-vous un poisson ? »

Les disciples, pour lesquels cette remarque est pure effronterie, sont scandalisés. Le Maître sourit, car il y voit, lui, un esprit interrogateur intrépide.

Il réplique avec affabilité : « Et toi, mon ami, comment sais-tu que je ne suis pas un poisson ? Tu n'es pas moi, n'est-ce pas ? »

Les disciples rient de bon cœur, se disant que l'insolent a bien mérité cette réponse ironique du Maître. Seul l'étranger est frappé par la profondeur de ces paroles.

Il y réfléchit toute la journée, puis se rend au monastère. « Au fond, vous n'êtes peut-être pas si différent du poisson que je l'avais imaginé. Ni moi de vous. »

LA CRÉATION

Il est bien connu que le Maître prend le parti des révolutionnaires, au risque d'encourir le mécontentement du gouvernement.

Lorsqu'on lui demande pourquoi il refuse de prendre une part active à la révolution sociale, il invoque ce proverbe énigmatique : « Tandis que je suis assis, paisiblement, ne faisant rien, le printemps arrive et l'herbe pousse. »

IV

LA PERSPECTIVE

Le Maître est d'une humeur sereine et ses disciples donnent libre cours à leur curiosité. « Vous arrive-t-il d'être déprimé ? demandent-ils.

— Oui, parfois.

— N'est-il pas vrai aussi que vous êtes toujours heureux ?

— C'est vrai.

— Quel est votre secret ?

— Tout peut être aussi bon ou mauvais que l'idée que l'on s'en fait », répond le Maître.

LA SÉPARATION

Les enseignements du Maître n'ont pas gagné l'approbation du gouvernement de son pays, qui l'a banni.

Lorsque les disciples lui demandent s'il éprouve de la nostalgie, il répond par la négative.

« Mais il est inhumain de ne pas avoir le mal du pays », protestent-ils.

À quoi le Maître répond : « On cesse d'être un exilé le jour où l'on se rend compte que la création est notre chez-nous. »

LE CHANGEMENT

L'historien en visite aime ergoter.

« Nos efforts ne changent-ils pas le cours de l'histoire ? demande-t-il.

— Bien sûr, répond le Maître.

— Et le labeur de l'homme n'a-t-il pas transformé la terre ?

— Certainement.

— Alors pourquoi affirmez-vous que les efforts de l'homme sont sans grande conséquence ?

— Quand le vent se calme, les feuilles tombent quand même », répond le Maître.

LA RECONNAISSANCE

Le Maître vieillit, devient infirme. Ses disciples le supplient de ne pas mourir. Il leur dit : « Si je ne vous quittais pas, comment feriez-vous pour me voir ?

— Dites-nous ce que nous ne voyons pas lorsque vous êtes avec nous ? », demandent-ils.

Le Maître ne dit mot.

Lorsqu'il est à l'article de la mort, ils demandent : « Que verrons-nous quand vous nous aurez quittés ? »

Avec un pétillement dans les yeux, le Maître répond : « Je n'ai fait que ceci : m'asseoir au bord de la rivière et distribuer de l'eau. Après mon départ, je suis sûr que vous verrez la rivière. »

LA CLAIRVOYANCE

Les disciples sont engagés dans une discussion très passionnée sur les causes de la souffrance humaine.

Certains disent qu'elle est due à l'égoïsme. D'autres, à nos illusions. D'autres, à notre incapacité de distinguer le réel du non-réel.

Lorsqu'on lui demande ce qu'il en pense, le Maître répond : « Si l'être humain souffre, c'est qu'il est incapable de rester tranquillement assis, seul. »

L'AUTONOMIE

Le Maître semble indifférent à ce que les gens pensent de lui. Lorsque les disciples lui demandent comment il est parvenu à cette liberté intérieure, il éclate de rire et répond : « Jusqu'à l'âge de vingt ans, je ne me souciais aucunement de ce que les gens pensaient de moi. Après vingt ans, je me préoccupais continuellement de ce que disaient mes voisins. Puis j'ai eu cinquante ans... et je me suis rendu compte que les gens ne pensaient pratiquement jamais à moi ! »

L'IMMUNISATION

À la surprise de tous, le Maître ne semble pas très enthousiaste à l'idée que les jeunes reçoivent une instruction religieuse.

Lorsqu'on lui en demande la raison, il répond : « Si vous les vaccinez quand ils sont jeunes, vous les empêcherez d'attraper la réalité quand ils seront adultes. »

L'AUTHENTICITÉ

Le Maître ne se laisse pas impressionner par les diplômes. Ce qu'il examine, c'est la personne, non le certificat.

Un jour, il prononce ces paroles : « Si vous avez des oreilles pour entendre un oiseau chanter, vous n'avez pas besoin d'examiner ses références. »

LE PRÉJUGÉ

« Rien n'est bon ou mauvais en soi, c'est la pensée qui rend les choses bonnes ou mauvaises », dit le Maître.

Lorsqu'on le prie de s'expliquer, il précise en ces termes : « Avec la plus grande joie, un homme observait un jeûne sept jours par semaine. Son voisin est mort de faim en suivant le même régime. »

LE PHARISAÏSME

Le Maître aime les gens ordinaires et se méfie de ceux qui se distinguent par la sainteté.

À un disciple qui le consulte à propos du mariage, il dit : « Assure-toi de ne pas épouser une sainte.

— Pourquoi ?

— Parce que cela fera assurément de toi un martyr », répond-il, l'œil pétillant.

L'ENTHOUSIASME

À une femme qui se plaint de ce que la richesse ne l'a pas rendue heureuse, le Maître dit : « Tu parles comme si le luxe et le confort étaient les ingrédients du bonheur ! Alors que tout ce qu'il te faut pour être heureuse, ma chère, ce sont des petites choses qui te remplissent d'enthousiasme. »

LE TOTALITARISME

À la grande gêne des disciples, le Maître déclare un jour à un évêque que les personnes religieuses ont un penchant naturel pour la cruauté.

« Mais pourquoi ? lui demandent les disciples après le départ de l'évêque.

— Parce qu'elles sont toujours prêtes à sacrifier des individus pour prouver qu'elles ont raison », répond le Maître.

L'ALTRUISME

Un riche industriel demande au Maître : « Quelle profession exercez-vous ?

— Aucune », répond celui-ci.

L'industriel laisse entendre un rire dédaigneux. « N'appelle-t-on pas cela de la paresse ?

— Ciel, non ! La paresse est un vice qu'on retrouve le plus souvent chez les gens actifs. »

Plus tard, le Maître dit à ses disciples : « Ne faites rien, et toute chose sera faite à travers vous. Il n'est pas facile de ne rien faire. Essayez, vous verrez ! »

LA SAGESSE

Le Maître est heureux lorsque les gens reconnaissent leur ignorance.

« La sagesse a tendance à croître avec la conscience qu'on a de sa propre ignorance », déclare-t-il.

Lorsqu'on lui demande de s'expliquer, il répond : « Quand on se rend compte qu'on n'est pas aussi sage aujourd'hui qu'on le pensait hier, on est plus sage aujourd'hui. »

L'AMOUR

Des jeunes mariés se demandent : « Que convient-il de faire pour que notre amour dure toujours ?

— Aimez autre chose ensemble », conseille le Maître.

LES RICHESSES

« Comment la spiritualité pourrait-elle aider un mondain comme moi ? demande l'homme d'affaires.

— Elle vous permettra d'en avoir plus, dit le Maître.

— Comment ?

— En vous apprenant à vouloir moins. »

LA BÉATITUDE

L'agent de change est inconsolable : il a perdu sa fortune. Il se rend dans un monastère afin d'y trouver la paix intérieure, mais il est trop désespéré pour méditer.

Suite à son départ, le Maître fait ce commentaire désabusé : « Ceux qui couchent par terre ne tombent jamais du lit. »

L'UNIVERSALITÉ

Le Maître déconseille à certaines personnes d'aller dans un monastère.

« Pour profiter des livres, il n'est pas nécessaire de vivre dans une bibliothèque », dit-il.

Ou, avec plus de conviction encore : « On peut lire des livres sans jamais mettre les pieds dans une bibliothèque, et pratiquer la spiritualité sans jamais entrer dans un temple. »

LE FLUX

Lorsqu'il devient clair que le Maître va mourir, ses disciples sombrent dans le désespoir.

Souriant, le Maître leur dit : « Ne voyez-vous pas que la mort embellit la vie ?

— Non. Nous préférerions que vous ne nous quittiez pas.

— Tout ce qui est réellement vivant doit mourir. Regardez les fleurs : seules les artificielles ne meurent pas. »

L'AVENTURE

Pour cette discussion, le Maître prend la Vie pour thème.

Il raconte sa rencontre avec un pilote qui transporta en Birmanie, au cours de la Deuxième Guerre mondiale, des ouvriers chinois assignés à la construction de routes à travers la jungle. Le vol étant long et ennuyeux, les ouvriers se mirent à jouer. Comme ils n'avaient pas d'argent, ils misèrent leur vie : le perdant devait sauter de l'avion sans parachute!

« Quelle horreur! disent les disciples terrifiés.

— C'est vrai, dit le Maître. Mais cela rendait le jeu excitant. »

Plus tard ce jour-là, il dit : « Vous ne vivez jamais aussi intensément que lorsque vous jouez votre propre vie. »

LA MORTALITÉ

À un disciple qui implorait le Maître de lui donner la sagesse, le Maître dit : « Essaie ceci : ferme les yeux et imagine qu'avec chaque être vivant tu es jeté du haut d'un précipice. Chaque fois que tu t'agrippes au moindre objet qui puisse ralentir ta chute, sache que tu entraînes cet objet avec toi... »

Après avoir essayé, le disciple n'est plus du tout la même personne.

LA LIBÉRATION

« Comment puis-je devenir libre ?

— En trouvant celui qui t'a ligoté », dit le Maître.

Au bout d'une semaine, le disciple revient et dit : « Personne ne m'a ligoté.

— Alors pourquoi recherches-tu la liberté ? »

Ces paroles conduisent le disciple à l'édification — et soudain, il devient libre.

LA RESTRICTION

Le Maître se montre très affable envers les professeurs d'université qui lui rendent visite, mais il ne répond jamais à leurs questions et ne se laisse jamais entraîner dans leurs spéculations théologiques.

À ses disciples qui s'étonnent de son attitude, il déclare : « Peut-on parler de l'océan à une grenouille dans un puits ; ou du divin à des gens qui sont restreints par leurs concepts ? »

L'ENGAGEMENT

Le Maître, quoique bienveillant envers ses disciples, ne peut cacher sa préférence pour les gens qui vivent dans le « monde » : couples mariés, marchands, fermiers.

Lorsqu'on l'interroge à ce sujet, il dit : « La spiritualité pratiquée dans une atmosphère active ou agitée est incomparablement supérieure à celle pratiquée dans le calme et l'isolement. »

LA NATURE

Le conférencier explique qu'une petite fraction des sommes énormes dépensées pour l'armement suffirait à résoudre tous les problèmes matériels de l'humanité.

Après la conférence, l'inévitable réaction des disciples est la suivante : « Mais pourquoi les êtres humains sont-ils si stupides ?

— Parce que, répond le Maître avec le plus grand sérieux, les gens ont appris à lire les livres imprimés. Ils ont oublié l'art de lire ceux qui ne le sont pas.

— Donnez-nous un exemple d'un livre non imprimé. »

Le Maître reste silencieux.

Un jour, il finit par répondre ceci : « Le chant des oiseaux, le bruit des insectes trompettent la Vérité. Les herbes et les fleurs montrent le Chemin. Écoutez ! Regardez ! C'est cela qu'il faut lire ! »

LE CIEL

À un disciple obsédé par la vie après la mort, le Maître fait cette remarque : « Pourquoi gaspiller un seul instant à songer à l'autre monde ?

— Mais est-il possible de ne pas y penser ?

— Oui.

— Comment ?

— En vivant au ciel, ici et maintenant.

— Et où est ce ciel ?

— Il est ici et maintenant. »

LA PRÉSENCE

Lorsque les disciples exigent un modèle de spiritualité qu'ils pourront suivre, le Maître leur répond simplement : « Chut ! Écoutez. »

Et tandis qu'ils écoutent les bruits de la nuit à l'extérieur du monastère, le Maître récite doucement un célèbre poème haïku :

N'ayant pas conscience
de sa mort prématurée,
la cigale chante.

LA PRISE DE CONSCIENCE

« Que vous a apporté l'édification ?

— La joie.

— Et qu'est-ce que la joie ?

— Prendre conscience que lorsque tout est perdu, on n'a perdu qu'un jouet. »

LA CONFIANCE

Le Maître dit souvent que la sainteté n'est pas tant question de ce qu'on *fait*, mais plutôt de ce qu'on *laisse faire*.

À un groupe de disciples qui ne comprend pas ce qu'il veut dire, le Maître raconte cette histoire :

> Un dragon unijambiste dit un jour au mille-pattes : « Comment commandes-tu à toutes ces jambes ? C'est à peine si je peux commander à la mienne.
> — À vrai dire, répond le mille-pattes, je ne commande rien. »

LE BRUIT

Chaque jour, le Maître est inondé de questions auxquelles il répond avec sérieux, ou en badinant, avec douceur ou avec fermeté.

Au cours de ces séances, une des disciples garde toujours le silence.

Quand on lui en demande la raison, elle répond: « J'entends à peine ce qu'il dit. Son silence m'empêche de me concentrer. »

V

LA PENSÉE

« Pourquoi vous méfiez-vous tant de la pensée ? demande le philosophe. La pensée est le seul outil que nous ayons pour organiser le monde.

— C'est vrai. Mais la pensée peut si bien organiser le monde qu'on finit par ne plus le voir. »

Plus tard, le Maître dit à ses disciples : « Une pensée est un écran, non pas un miroir ; c'est pourquoi vous vivez dans une enveloppe hermétique où la Réalité n'a pas accès. »

LA RÉVÉLATION

Les moines du monastère voisin demandent au Maître de les aider à apaiser une dispute qui a éclaté entre eux. Ils ont entendu dire que le Maître a développé une technique qui apporte, à coup sûr, l'amour et l'harmonie dans un groupe.

Ce jour-là, le Maître dévoile sa technique : « Chaque fois que vous êtes avec quelqu'un, ou pensez à quelqu'un, dites-vous : "Je suis mourant et cette personne est mourante elle aussi", tout en vous efforçant de sentir la vérité de ces paroles. Si chacun de vous accepte de pratiquer cette technique, l'amertume disparaîtra pour faire place à l'harmonie. »

Cela étant dit, le Maître s'en va.

LA BIENVEILLANCE

Un jour, l'épicier rend visite au Maître. L'homme est très inquiet : en face de sa boutique, un grand magasin a ouvert ses portes et va lui voler sa clientèle. Sa famille tient ce commerce depuis près d'un siècle. S'il doit fermer ses portes, cela causera sa perte, car il n'a pas d'autres ressources.

Le Maître lui donne cet avis : « Si tu crains le propriétaire du grand magasin, tu le haïras. Et la haine causera ta perte.

— Que dois-je faire ? demande l'épicier, affolé.

— Chaque matin, sors de ta boutique et bénis-la. Souhaite-lui la prospérité. Ensuite, tourne-toi vers le grand magasin et bénis-le, lui aussi.

— Quoi ? Bénir mon rival, mon destructeur ?

— Chaque fois que tu lui donneras ta bénédiction, cela rejaillira sur toi. Si tu lui veux du mal, cela te détruira. »

Au bout de six mois, l'épicier revient voir le Maître pour lui dire que ses craintes se sont réalisées et qu'il a fermé boutique. Mais il est maintenant en charge du grand magasin et ses affaires marchent comme elles n'ont jamais marché auparavant.

LE PÉCHÉ

Un des enseignements déconcertants — et merveilleux — du Maître est : Dieu est plus près des pécheurs que des saints.

Il explique cela en ces termes : Dieu retient chaque être humain par une corde. Lorsqu'on pèche, on coupe cette corde. Alors Dieu la rattache en y faisant un nœud, nous rapprochant ainsi de lui. Encore et encore, nous coupons la corde chaque fois que nous péchons et, à chaque nœud, Dieu nous attire encore plus près de lui.

LA GUÉRISON

À une personne très troublée qui demande son aide, le Maître dit : « Tu veux vraiment être guérie ?

— Si ce n'était pas le cas, pourquoi serais-je venu ?

— Oui, c'est ce que font la plupart des gens.

— Pour quelle raison ?

— Pas pour être guéris. Car cela est douloureux. Mais pour être soulagés. »

Le Maître fait cette remarque à ses disciples : « Ceux qui veulent être guéris sans souffrance sont comme ceux qui sont en faveur du progrès à condition que le progrès puisse se faire sans changement. »

LA DOCTRINE

Un visiteur prétend ne pas avoir à chercher la Vérité car il l'a trouvée dans les croyances de sa religion. Le Maître lui dit alors :

« Il était une fois un étudiant qui n'avait jamais pu devenir mathématicien parce qu'il avait une croyance aveugle dans les réponses qu'il avait trouvées au dos de son livre de mathématiques. Le plus curieux, et là se trouve toute l'ironie, c'est que les réponses étaient bonnes ! »

LA CROYANCE

Le Maître cite Aristote : « Dans la quête de la vérité, il est mieux et même nécessaire de renoncer à ce qui nous est le plus cher. » Puis il remplace « vérité » par « Dieu ».

Plus tard, un disciple lui dit : « Dans ma quête de Dieu, je suis prêt à renoncer à tout : richesse, amis, famille, la vie elle-même. À quoi une personne peut-elle encore renoncer ? »

Calmement, le Maître répond : « À sa croyance en Dieu. »

Le disciple s'en va, désolé, car il s'accroche à ses convictions. Il craint l'ignorance plus qu'il ne craint la mort.

LA NON-INSTRUCTION

« Qu'est-ce que ton Maître enseigne ? demande un visiteur.

— Rien, répond le disciple.

— Alors pourquoi fait-il des discours ?

— Il ne fait qu'indiquer la bonne direction. Il n'enseigne rien. »

Le visiteur ne comprend pas. Le disciple s'efforce d'être plus clair. « Si le Maître enseignait, nous ferions de ses enseignements des croyances. Le Maître ne se soucie pas de ce que nous croyons, mais plutôt de ce que nous voyons. »

LES ORIGINES

C'est l'anniversaire d'une disciple.

— Que veux-tu pour ton anniversaire ? lui demande le Maître.

— Quelque chose qui m'apportera la Connaissance », répond cette dernière.

Le Maître sourit : « Dis-moi, ma chère, quand tu es née, es-tu venue au monde comme une étoile du ciel ou es-tu sortie du monde comme une feuille d'arbre ? »

Toute la journée, elle réfléchit sur cette question. Puis, soudain, elle voit la réponse et acquiert la Connaissance.

L'EXPOSITION

Un jour, le Maître demande : « Quelle est, selon vous, la question la plus importante que l'on puisse poser en matière de religion ? »

De nombreuses réponses sont proposées :

« Dieu existe-t-il ? »
« Qui est Dieu ? »
« Quelle est la voie vers Dieu ? »
« Y a-t-il une vie après la mort ? »

« Non, répond le Maître. La question la plus importante est celle-ci : "Qui suis-je ?" »

Les disciples comprennent lorsqu'ils entendent sa conversation avec un prédicateur :

Le Maître : « Alors, selon vous, quand nous mourrons, notre âme montera au ciel ? »

Le prédicateur : « Oui. »

Le Maître : « Et notre corps restera dans la tombe ? »

Le prédicateur : « Oui. »

Le Maître : « Et où, si je puis poser cette question, serez-*vous* ? »

L'IDENTIFICATION

« Je voudrais voir Dieu.

— Il est en face de vous, répond le Maître.

— Alors pourquoi suis-je incapable de le voir ?

— Pourquoi l'œil est-il incapable de se voir ? », rétorque le Maître.

Plus tard, il explique : « Demander à Dieu de se révéler est comme demander à un couteau de se couper ou à une dent de se mordre. »

LA COMPRÉHENSION

« Chaque parole, chaque image qu'on utilise pour décrire Dieu est plus une distorsion qu'une description.

— Alors comment doit-on parler de Dieu ?

— En observant le silence.

— Alors pourquoi parlez-vous ? »

Le Maître éclate de rire. « Quand je parle, n'écoutez pas mes paroles. Écoutez le silence. »

LA SIGNIFICATION

Un voyageur dit un jour à un disciple : « J'ai parcouru une très grande distance pour entendre le Maître, mais je trouve ses paroles plutôt ordinaires.

— N'écoutez pas ses paroles. Écoutez plutôt son message.

— Et comment dois-je m'y prendre ?

— Arrêtez-vous sur une de ses phrases. Secouez-la jusqu'à ce qu'il n'y ait plus de mots. Ce qui restera enflammera votre cœur. »

LE VIDE

Parfois, des nuées de visiteurs bruyants convergent vers le monastère, brisant ainsi le silence qui y règne d'ordinaire.

Cela contrarie les disciples, mais pas le Maître, qui semble autant à l'aise dans le bruit que dans le silence.

Ses disciples protestent. Il leur dit : « Le silence n'est pas l'absence de bruit, mais l'absence de soi. »

LE SERVICE

Il est bien connu que le Maître favorise l'action plutôt que le retrait. Cependant, il insiste toujours sur l'action « éclairée ».

Ses disciples veulent savoir ce qu'il entend par « éclairée ». Cela veut-il dire « bien intentionnée » ?

« Du tout, répond-il. Songez à quel point le singe est bien intentionné quand il retire un poisson de l'eau pour empêcher que l'onde ne devienne son tombeau. »

ÊTRE

« Que dois-je faire pour atteindre la sainteté ? demande le visiteur.

— Suis ton cœur », répond le Maître.

Le visiteur semble satisfait.

Avant de repartir, cependant, le Maître lui murmure ces quelques mots : « Pour suivre son cœur, il faut une solide constitution. »

LA CÉLÉBRATION

« Qu'est-ce que la spiritualité pourrait m'apporter ? demande l'alcoolique.

— Une intoxication non alcoolisée », répond le Maître.

LES APPARENCES

Le Maître désapprouve le sensationnel. Le divin, selon lui, se trouve dans les choses ordinaires.

À un disciple qui pratique des formes d'ascétisme qui frisent la bizarrerie, il déclare : « La sainteté est une chose mystérieuse ; plus elle est grande, moins on la remarque. »

LA SAINTETÉ

Un prédicateur ne cesse de répéter : « Nous devons intégrer Dieu à nos vies. »

Le Maître réplique : « Il y est déjà. Notre tâche est de le reconnaître. »

L'AMITIÉ

« Comment puis-je arriver à aimer mon prochain ?

— Cesse de te détester toi-même. »

Le disciple réfléchit longtemps et sérieusement aux paroles du Maître. Un jour, il lui dit : « Je m'aime trop, je suis égoïste et centré sur moi-même. Comment puis-je me débarrasser de ces défauts ?

— Sois aimable avec toi-même. Ton moi sera alors heureux et te laissera libre d'aimer ton prochain. »

L'AFFIRMATION

Une femme qui souffre beaucoup suite à la mort de son fils vient chercher réconfort auprès du Maître.

Celui-ci l'écoute patiemment, tandis qu'elle lui raconte son histoire pathétique.

Puis il lui dit très doucement : « Je ne peux pas essuyer tes larmes. Je ne peux que te montrer comment les sanctifier. »

L'OUVERTURE

Des parents inquiets racontent au Maître que leur fils a abandonné les traditions religieuses de la famille et s'est proclamé libre-penseur.

Le Maître leur dit : « Ne vous inquiétez pas. Si ce jeune homme pense par lui-même, le Grand Vent va sûrement se lever et le transporter là où il doit être. »

L'ESCLAVAGE

À un visiteur religieux mais craintif, le Maître dit : « Pourquoi êtes-vous si inquiet ?

— J'ai peur de ne pas atteindre le Salut.

— Et qu'est-ce que le Salut ?

— La moksha. La libération. La liberté. »

Le Maître éclate de rire et dit : « Vous êtes donc *obligé* d'être libre ? Êtes-vous bien *sûr* d'être libéré ? »

À cet instant précis, le visiteur se détend et se débarrasse de sa peur pour toujours.

L'APPAUVRISSEMENT

Un jour, un disciple venant d'un pays très lointain se présente au Maître, qui lui demande : « Que cherches-tu ?

— La Connaissance, répond l'homme.

— Tu as ton propre Royaume intérieur. Pourquoi cherches-tu dehors ?

— Où est mon Royaume intérieur ?

— C'est cette recherche qui doit te préoccuper. »

À cet instant précis, le disciple acquiert la Connaissance. Des années plus tard, il conseille à ses amis : « Ouvrez votre Royaume intérieur et profitez de vos trésors. »

LA SOUVERAINETÉ

Les disciples cherchent la Connaissance sans savoir ce que c'est ni comment l'atteindre.

Le Maître leur dit : « On ne peut ni l'atteindre ni la saisir. »

Voyant que les disciples sont démoralisés, le Maître leur dit : « Ne soyez pas si tristes. Car vous ne pouvez plus la perdre. »

Jusqu'à ce jour, les disciples continuent de chercher ce qu'ils ne peuvent ni perdre ni saisir.

LES PAROLES

Les disciples sont plongés dans une discussion portant sur un dicton de Lao Tseu : « Ceux qui savent ne disent pas. Ceux qui disent ne savent pas. »

Lorsque le Maître fait son apparition, ses disciples lui demandent le sens de ces paroles.

Le Maître leur répond : « Lesquels d'entre vous connaissent le parfum de la rose ? »

Tous le connaissent.

Il leur dit : « Décrivez-le. »

Les disciples restent muets.

LA DISCIPLINE

Aux disciples qui veulent connaître le genre de méditation à laquelle le Maître se livre chaque matin au jardin, ce dernier explique : « Quand je regarde attentivement, je vois les roses s'épanouir.

— Pourquoi doit-on regarder *attentivement* les roses pour les voir ?

— Lorsque nous ne sommes pas attentifs, nous ne voyons que l'idée préconçue que nous nous faisons de la rose. »

LA MODÉRATION

Maintes et maintes fois, le Maître essaie de dissuader ses disciples de dépendre de lui, car cela les empêche d'entrer en contact avec leur Source intérieure.

On l'entend souvent dire : « Il existe trois choses qui, lorsqu'elles se trouvent trop proches, sont nuisibles, et, lorsqu'elles sont trop loin, sont inutiles. Il convient donc de s'en tenir à une juste distance. Ces trois choses sont : le feu, le gouvernement et le gourou. »

LA CONTRADICTION

« Que puis-je faire pour parvenir à Dieu ?

— Pour parvenir à Dieu, tu dois savoir deux choses. La première, c'est que tout effort pour parvenir à lui est inutile.

— Et la deuxième ?

— Tu dois agir comme si tu ne connaissais pas la première. »

L'EXPÉRIENCE

Convaincu de l'expérience du Maître en matière de mysticisme, le président d'une prestigieuse université veut faire de lui le directeur du département de théologie.

S'approchant d'un disciple, il lui demande ce qu'il en pense. Ce dernier répond : « Selon le Maître, il est plus important de connaître que de transmettre la connaissance.

— Cela peut-il l'empêcher de devenir le directeur du département de théologie ?

— Autant que cela empêcherait un éléphant d'être le directeur du département de zoologie. »

VI

LA PUBLICITÉ

Si on n'a pas l'œil pénétrant, on ne détecte rien, chez le Maître, qui ne sorte de l'ordinaire. Selon les circonstances, il peut avoir peur, ou être déprimé. Il peut rire, pleurer, se mettre en colère. Il aime les bons repas, ne refuse pas un petit verre ; il lui arrive même de tourner la tête pour suivre des yeux une jolie femme.

Lorsqu'un voyageur déplore que le Maître ne soit pas un « saint », un disciple s'empresse de lui donner l'heure juste : « Être un saint est une chose. Qu'un homme puisse vous paraître saint en est une autre. »

L'IDOLÂTRIE

Le Maître ne se lasse jamais de prévenir ses disciples contre les dangers de la religion. Il aime raconter cette histoire à propos d'un prophète qui marchait dans les rues avec un flambeau, clamant qu'il allait mettre le feu au temple afin que les gens se préoccupent davantage du Seigneur que du temple.

Et le Maître ajoute : « Un jour je porterai moi-même un flambeau et mettrai le feu aussi bien au temple qu'au Seigneur ! »

LA CULTURE

Un voyageur en quête du divin demande au Maître de lui apprendre à faire la distinction entre un faux enseignant et un enseignant authentique.

Le Maître lui répond : « Un bon enseignant offre la pratique, un mauvais les théories.

— Mais comment faire la différence entre une bonne pratique et une mauvaise ?

— De la même façon qu'un fermier sait distinguer entre une bonne récolte et une mauvaise. »

L'ÉPHÉMÈRE

Le Maître est allergique aux gens qui prolongent leur séjour au monastère. Tôt ou tard, les disciples finissent par entendre ces paroles difficiles à accepter: « Il est temps que tu t'en ailles. Si tu ne t'en vas pas, l'Esprit ne viendra pas. »

Un jour, un fervent lui demande de décrire cet Esprit.

Le Maître lui répond: « L'eau reste libre et vivante quand elle coule. Tu resteras libre et vivant en t'éloignant. Si tu ne t'éloignes pas de moi, tu croupiras et mourras, et tu seras contaminé. »

LA NON-EXPÉRIENCE

Lors d'une discussion sur la connaissance de Dieu, le Maître dit: « Quand on fait la connaissance de Dieu, notre moi disparaît. Alors, qui veut faire cette expérience ?

— La connaissance de Dieu est-elle une non-expérience ?

— C'est comme le sommeil, répond le Maître. La connaissance du sommeil ne se fait que lorsque le sommeil est terminé. »

LA DISSIMULATION

Un jour, le Maître raconte une histoire à propos d'un vase antique d'une valeur inestimable qui s'est vendu à un prix très élevé lors d'une vente aux enchères. Le vase avait appartenu à un clochard qui était mort pauvre, sans connaître la valeur du récipient avec lequel il mendiait.

Lorsqu'un disciple demande au Maître ce que le vase représente, ce dernier répond : « Ton moi ! »

Quand on lui demande ce qu'il entend par là, il répond : « Toute votre attention est centrée sur les connaissances à un sou que vous recueillez dans vos livres et chez vos enseignants. Vous feriez mieux de porter attention au vase dans lequel vous les placez. »

L'ÉMERVEILLEMENT

On disait que le Haji qui vivait aux abords de la ville accomplissait des miracles. C'est pourquoi sa maison était devenue un lieu de pèlerinage pour des cohortes de malades.

Le Maître, qui ne manifestait aucun intérêt pour les choses miraculeuses, ne répondait jamais aux questions à propos du Haji.

Lorsqu'on lui demandait à brûle-pourpoint pourquoi il s'opposait aux miracles, il répliquait : « Comment peut-on s'opposer à ce qui se passe sous nos yeux à chaque instant de la journée ? »

LA DÉCEPTION

« Comment peut-on faire la différence entre un véritable et un faux mystique ? », demandent les disciples. Ces derniers ont un intérêt très marqué pour les choses occultes.

« Comment peut-on faire la différence entre un vrai dormeur et quelqu'un qui fait semblant de dormir ? demande le Maître.

— C'est impossible. Seul le dormeur sait quand il fait semblant de dormir », répondent les disciples.

Le Maître sourit.

Plus tard, il dit : « Le dormeur qui fait semblant de dormir peut tromper les autres, mais il ne peut se tromper lui-même. Malheureusement, le faux mystique peut tromper à la fois les autres et lui-même. »

L'ÉVASION

Un visiteur raconte l'histoire d'un saint qui, voulant visiter un ami mourant et ayant peur de voyager la nuit, dit au soleil : « Au nom de Dieu, reste où tu es dans les cieux jusqu'à ce que j'atteigne le village où se trouve mon ami mourant. » Et le soleil s'arrête dans les cieux jusqu'à ce que le saint homme arrive au village.

Le Maître sourit. « N'aurait-il pas été préférable que le saint homme surmonte sa peur de voyager la nuit ? »

LE JUGEMENT

« Comment vais-je pardonner à autrui ?

— Si tu ne condamnais pas, tu n'aurais pas besoin de pardonner. »

LA SÉRÉNITÉ

« Y a-t-il des façons de mesurer sa force spirituelle ?

— Il y en a beaucoup.

— Citez-nous-en une.

— Déterminez le nombre de fois où vous êtes contrariés au cours de la journée. »

LA TÉMÉRITÉ

Le Maître insiste toujours pour que nous apprenions par nous-mêmes — que nous soyons nos propres maîtres — plutôt que de nous en remettre à l'autorité des autres. Cette attitude, bien entendu, a ses limites, comme lorsqu'un jeune homme brillant est convaincu qu'il doit prendre de la drogue pour faire des expériences mystiques — qu'il doit « prendre le risque, car ce n'est qu'en expérimentant que l'on apprend ».

Le Maître raconte l'histoire du clou et de la vis :

« La meilleure façon de savoir ce qui, d'un clou ou d'une vis, convient d'enfoncer dans une planche, est d'employer le clou. Si la planche se fend, on sait qu'il aurait fallu choisir la vis. »

L'INSANITÉ

Sur la question de sa propre édification, le Maître se montre peu bavard, même lorsque ses disciples tentent par tous les moyens de le faire parler.

Tout ce qu'ils savent à ce sujet, c'est que le Maître a répondu à son fils cadet qu'il avait le sentiment d'être un idiot lorsque ce dernier lui a demandé ce qu'il ressentait dans ses moments d'édification.

Quand le garçon a voulu savoir pourquoi, son père lui a dit : « Eh bien, fils, c'est comme si, pour entrer dans une maison par effraction, on montait sur une échelle et on brisait une fenêtre, pour s'apercevoir plus tard que la porte d'entrée était ouverte. »

LE DÉVELOPPEMENT

À un disciple qui se plaint de ses limites, le Maître dit : « C'est vrai, tu as des limites. Mais te rends-tu compte qu'aujourd'hui tu peux faire des choses que tu ne pouvais pas faire il y a quinze ans ? Qu'est-ce qui a changé ?

— Mes dons.

— Non. C'est toi.

— N'est-ce pas la même chose ?

— Non. Tu es ce que tu crois être. Le jour où tu as commencé à penser différemment, tu as changé. »

LE MANQUE DE PROFONDEUR

Un jour, un journaliste demande au Maître de nommer une chose qui caractérise le monde moderne.

D'abord le Maître hésite, puis il répond : « Chaque jour, les gens en savent de plus en plus sur le cosmos et de moins en moins sur eux-mêmes. »

À un astronome qui le tient en haleine en lui décrivant les merveilles de l'astronomie moderne, le Maître déclare : « Parmi ces milliards de choses étranges dans l'univers, les trous noirs, les quasars, les pulsars, la plus étrange, sans aucun doute, est le moi ! »

L'ABANDON

« Quel est l'acte le plus noble qu'on puisse accomplir ?

— S'asseoir pour méditer.

— Mais cela ne mène-t-il pas à l'inaction ?

— C'*est* l'inaction même.

— L'action serait-elle donc inférieure à l'inaction ?

— L'inaction donne vie aux actions. Sans elle, les actions sont mortes. »

LA CRÉATIVITÉ

« Quel est l'acte le plus noble qu'une personne puisse accomplir ?

— S'asseoir pour méditer. »

Mais on voit rarement le Maître s'asseoir pour méditer. Soit il fait le ménage, soit il travaille dans les champs. Il rencontre des gens, écrit des livres. Il s'occupe même de la comptabilité du monastère.

« Pourquoi passez-vous votre temps à travailler ?

— Quand on travaille, cela ne veut pas dire qu'on ne peut plus s'asseoir pour méditer. »

LA DISPARITION

Un disciple fait de grands efforts pour s'élever, à tel point qu'il s'affaiblit physiquement. Le Maître lui dit : « Un rayon de lumière peut être saisi, mais pas avec les mains. On peut parvenir à l'édification, mais pas par l'effort. »

Perplexe, le disciple répond : « Mais ne m'avez-vous pas conseillé de m'évertuer à faire le vide ? C'est ce que je m'efforce de faire.

— Maintenant, tu remplis ton temps en essayant de faire le vide ! », dit le Maître en riant.

LA RÉALITÉ

Bien que le Maître savoure la vie et en profite au maximum, on sait qu'il prend de gros risques, comme lorsqu'il a condamné la tyrannie du gouvernement, risquant ainsi l'incarcération et même la mort. Il a également mis sa vie en péril lorsque, avec un groupe de disciples, il s'est rendu dans un village frappé par la peste. « Les sages n'ont pas peur de la mort » a-t-il dit.

« Pourquoi un homme risquerait-il aussi aisément sa vie ? lui demande-t-on un jour.

— Pourquoi une personne craindrait-elle si peu que la flamme d'une chandelle ne s'éteigne au lever du jour ? »

LA DISTANCE

Le propriétaire d'un parc d'amusement souligne l'ironie de la situation dans laquelle il se trouve : il est souvent déprimé, alors que les enfants qui fréquentent son parc s'amusent comme des petits fous.

« Que préfères-tu : être propriétaire du parc ou bien t'amuser ? lui demande le Maître.

— Je voudrais les deux. »

Le Maître ne répond pas.

Lorsque plus tard on le questionne à ce sujet, il cite les paroles d'un clochard à un propriétaire terrien très riche : « Tu possèdes la propriété. Les autres admirent le paysage. »

LA LIMITE

« Y a-t-il un Dieu ? demande le marxiste.

— S'il y en a un, ce n'est pas celui que s'imaginent les gens, répond le Maître.

— De qui parlez-vous quand vous dites "les gens" ?

— De tout le monde. »

LA DÉMONSTRATION

« Dieu existe-t-il ? demande un jour le Maître.

— Oui, répondent en chœur les disciples.

— Faux, dit le Maître.

— Non, se risquent les disciples.

— Encore faux, répond le Maître.

— Quelle est donc la réponse ?

— Il n'y en a pas.

— Comment cela ?

— Parce qu'il n'y a pas de question », répond le Maître.

Plus tard, il explique : « Si on ne peut rien *dire* à propos de Lui, qui est au-delà de toute pensée et de toute parole, comment peut-on *demander* quoi que ce soit à son sujet ? »

LA PRÉSÉANCE

Le Maître se réjouit des développements technologiques, bien qu'il soit très conscient de leurs limites.

Lorsqu'un industriel lui demande quelle est son occupation, il répond : « Je travaille dans l'industrie des êtres humains.

— Que voulez-vous dire, au juste ?

— Prenez votre occupation, répond le Maître. Vos efforts produisent de meilleures choses ; les miens, de meilleures personnes. »

Plus tard, à ses disciples, il dit : « Le but de la vie est l'épanouissement de l'être humain. De nos jours, les gens semblent accorder plus d'importance au perfectionnement des choses. »

L'INSINUATION

Le Maître prétend qu'il existe un livre qui contient tout ce que l'on voudrait savoir à propos de Dieu.

Personne n'a vu ce livre. Mais un jour, un savant, à force de supplication, parvient à l'arracher au Maître. Il emporte l'ouvrage chez lui, l'ouvre avec empressement pour se rendre compte que toutes les pages sont blanches. « Mais ce livre ne parle de rien ! se lamente-t-il.

— Je sais, dit le Maître, rayonnant. Mais pense à tout ce qu'il sous-entend ! »

L'INFLEXIBILITÉ

« Ciel ! Comme tu as vieilli, s'exclame le Maître en revoyant un ami d'enfance.

— On ne peut pas s'empêcher de vieillir, n'est-ce pas ? réplique l'ami.

— C'est vrai, répond le Maître. Mais on doit éviter d'avoir l'air vieux. »

LA DESTRUCTION

Malgré sa sainteté, le Maître semble vaguement opposé à la religion, ce qui laisse ses disciples perplexes. Contrairement au Maître, les disciples assimilent la religion à la spiritualité.

« La religion, telle que pratiquée aujourd'hui, est une affaire de punitions et de récompenses. Autrement dit, elle engendre la peur et l'avidité, deux choses qui ont un effet très destructeur sur la spiritualité. »

Plus tard, il ajoute avec regret : « C'est comme essayer de combattre un déluge avec de l'eau, ou d'éteindre un incendie avec du feu. »

L'OPPRESSION

Le Maître laisse toujours ses disciples évoluer à leur propre rythme. Jamais il ne les « pousse ». Il illustre cette attitude par une parabole :

« Un jour, un homme observe un papillon qui lutte pour sortir de son cocon. Mais les choses se passent trop lentement à son goût, alors il se met à souffler doucement sur le cocon. La chaleur que dégage son souffle accélère le processus. Hélas, ce n'est pas un papillon qui sort du cocon, mais une créature aux ailes mutilées.

« On ne peut pas accélérer le processus de l'évolution, conclut le Maître. On ne peut que le faire avorter. »

LA FRUSTRATION

Les disciples ne comprennent pas cette façon apparemment arbitraire avec laquelle certaines personnes sont admises en tant que disciples et d'autres refusées.

Ils comprennent le jour où ils entendent le Maître dire : « N'essayez pas d'apprendre à un cochon à chanter. Vous perdrez votre temps. Et cela irritera le cochon. »

LES DÉFINITIONS

Le Maître a une fascination enfantine pour les inventions modernes. Une simple calculatrice de poche le remplit d'émerveillement.

Un jour, il dit, avec un pointe d'ironie : « Beaucoup de gens possèdent ces petites calculatrices, mais ils n'ont rien dans les poches qui vaille la peine d'être compté ! »

Quelques semaines plus tard, lorsqu'un visiteur lui demande ce qu'il enseigne à ses disciples, il répond : « Je leur apprends à distinguer ce qui est important de ce qui ne l'est pas : mieux vaut avoir l'argent que de le compter, mieux vaut avoir vécu l'expérience que d'essayer de la définir. »

LA DIVULGATION

Les disciples se sont lancés dans une discussion sur l'utilité de la lecture. Certains pensent que c'est une perte de temps. D'autres prétendent le contraire.

Lorsqu'on lui demande son opinion, le Maître répond : « Vous est-il déjà arrivé de lire un texte dans lequel les notes en marge faites par le lecteur sont plus éclairantes que le texte lui-même ? »

Les disciples font oui de la tête.

« La vie, dit le Maître, est faite de notes en marge. »

VII

LA VULNÉRABILITÉ

Le Maître offre une solution parfaite à des époux qui ne cessent de se quereller.

Il leur dit : « Cessez de revendiquer comme un droit ce que vous pouvez demander comme une faveur. »

Les querelles cessent aussitôt.

L'OPPOSITION

À un esprit novateur découragé par la critique, le Maître dit : « Écoute bien ce que disent les critiques, car ils révèlent ce que tes amis te cachent. »

Mais il dit également ceci : « Ne te laisse pas abattre par ce que disent les critiques. On n'a jamais érigé de statues en leur honneur. Les statues sont pour ceux qui se font critiquer. »

L'INFINI

Il est impossible de convaincre le Maître de parler de Dieu ou de choses divines. « En ce qui concerne Dieu, dit-il, tout ce qu'on peut savoir, c'est ceci : nous ne savons rien. »

Un jour, il raconte une anecdote à propos d'un homme qui a longuement réfléchi et s'est fait beaucoup de souci avant de devenir un disciple. « Puis il est venu étudier avec moi. Et il n'a strictement rien appris. »

Seuls quelques disciples comprennent le sens de ces paroles. Ce que le Maître a à enseigner ne peut s'apprendre ni s'enseigner. Tout ce que l'on peut apprendre de lui se résume à un seul mot : rien.

LA PERSÉCUTION

Un jour, un disciple rappelle que l'on a accolé l'étiquette de « rebelle et hérétique » à Bouddha, à Jésus et à Mahomet.

Et le Maître de dire : « Ce n'est que lorsqu'un millier de gens sincères l'accusent d'avoir blasphémé que l'on peut être sûr qu'un individu a atteint le pinacle de la Vérité. »

L'EXPIATION

Un homme qui a des problèmes conjugaux demande conseil au Maître. Ce dernier lui répond : « Écoute ta femme. »

L'homme suit le conseil du Maître et, au bout d'un mois, revient le voir et lui dit qu'il a appris à écouter chaque mot prononcé par sa femme.

Avec un sourire, le Maître lui dit : « À présent, retourne chez toi et écoute chaque mot qu'elle ne dit pas. »

LA GRANDEUR

« Le problème avec le monde, dit le Maître, c'est que les êtres humains refusent de grandir.

— Quand peut-on savoir qu'une personne a grandi ? demande un de ses disciples.

— Le jour où il n'est plus nécessaire de lui mentir. »

L'ÉDIFICATION

Le Maître est à la fois partisan de l'apprentissage et de la Sagesse.

« L'apprentissage, dit-il, se fait en lisant des livres ou en écoutant des maîtres.

— Et la Sagesse ?

— En lisant le livre que tu es. »

Puis, après réflexion, il ajoute : « Ce n'est pas une tâche facile, car chaque minute de la journée apporte une nouvelle édition du livre ! »

LA MANIFESTATION

Lorsqu'un nouveau disciple se présente au Maître, il a généralement droit à un cours de catéchisme :

« Sais-tu qui ne t'abandonnera jamais au cours de ton existence ?

— Qui ?

— Toi. Connais-tu la réponse à chaque question qui peut te venir à l'esprit ?

— Non, quelle est-elle ?

— Toi. Peux-tu deviner la solution à chacun de tes problèmes ?

— Je donne ma langue au chat.

— C'est toi. »

LA CONTEMPLATION

Le Maître dit souvent que le Silence engendre la transformation.

Mais personne ne peut lui faire dire ce qu'est le Silence. Lorsqu'on le lui demande, il se met à rire, puis pose son index sur ses lèvres serrées, ce qui ne fait qu'accroître la perplexité des disciples.

Un jour, l'un d'eux réussit à le faire parler lorsqu'il lui demande : « Et comment parvient-on à ce Silence dont vous parlez ? »

La réponse du Maître est si simple que les disciples étudient son visage pour voir s'il ne plaisante pas. Il ne plaisante pas. « Où que vous soyez, regardez, même s'il n'y a apparemment rien à voir ; écoutez, même s'il règne un silence parfait. »

L'INNOCENCE

Lors d'un pique-nique, le Maître déclare : « Vous voulez savoir ce qu'est la vie éclairée ? Regardez ces oiseaux qui volent au-dessus du lac. »

Pendant que les disciples regardent les oiseaux, le Maître s'exclame : « Ils projettent un reflet sur l'eau, un reflet dont ils n'ont pas conscience — et auquel le lac n'est nullement attaché. »

L'ART

« À quoi sert un Maître ? », demande quelqu'un.

Un disciple répond : « À t'apprendre ce que tu as toujours su, à te montrer ce que tu ne cesses de regarder. »

Voyant que le visiteur est perplexe, le disciple ajoute : « Grâce à ses peintures, un artiste m'apprend à voir le coucher du soleil. Par ses enseignements, le Maître m'apprend à voir la réalité de chaque instant. »

LA SOLITUDE

« Je veux être avec Dieu dans la prière.

— Ce que tu veux est absurde.

— Pourquoi ?

— Parce que là où tu es, Dieu n'est pas. Parce que quand Dieu est, tu n'es pas. Alors comment pourrais-*tu* être *avec* Dieu ? »

Plus tard, le Maître dit ceci : « Recherchez la solitude. Quand vous êtes avec une autre personne, vous n'êtes pas seuls. Quand vous êtes "avec Dieu", vous n'êtes pas seuls. La seule façon d'être vraiment avec Dieu, c'est d'être tout à fait seul. Ainsi, avec un peu de chance, Dieu sera et vous ne serez pas. »

LE SOUPÇON

À un voyageur qui demande comment on peut distinguer un vrai Maître d'un faux, le Maître répond par ces mots: « Si tu n'es pas un trompeur, tu ne seras pas trompé. »

Plus tard, le Maître déclare à ses disciples: « Pourquoi les chercheurs prétendent-ils être honnêtes et n'avoir qu'un simple examen à faire pour détecter la supercherie chez les Maîtres ? »

LA PROPORTION

Un visiteur est désappointé par les paroles banales que lui adresse le Maître.

« Je suis venu en quête d'un Maître, dit-il à un disciple. Et tout ce que je trouve ici est un être humain qui n'est pas différent des autres. »

Le disciple lui répond: « Le Maître est un cordonnier qui a une réserve inépuisable de cuir. Mais il fait les coupures et les points selon la dimension de votre pied. »

L'AGRESSION

Un disciple zélé exprime son désir d'enseigner la Vérité aux autres. Il demande au Maître ce qu'il en pense. Ce dernier lui répond : « Attends. »

Chaque année, le disciple revient avec la même requête et, chaque fois, le Maître lui donne la même réponse : « Attends. »

Un jour, le disciple dit au Maître : « Quand serai-je prêt à enseigner ? »

Le Maître répond : « Quand tu auras perdu ce désir ardent d'enseigner. »

LA PRIÈRE

Le Maître ne cesse jamais d'attaquer les notions qu'entretiennent les gens à propos de Dieu.

« Si ton Dieu vient à ton secours et te tire d'affaire, dit-il, il est temps que tu te mettes à la recherche du véritable Dieu. »

Quand on lui demande ce qu'il veut dire, il raconte cette histoire :

« Un homme laisse sa bicyclette neuve sans surveillance pendant qu'il fait ses courses au marché.

« Ce n'est que le lendemain qu'il se souvient de l'avoir laissée à cet endroit. Il se précipite alors vers le marché en se disant que son vélo a été volé. Mais il le retrouve exactement là où il l'a laissé.

Rempli de joie, il se rend au temple le plus proche afin de remercier Dieu d'avoir veillé sur sa bicyclette. Lorsqu'il sort du temple, sa bicyclette a disparu ! »

L'EXTRAVAGANCE

Un jour, les disciples demandent au Maître quel type d'individu est le plus apte à faire un bon disciple.

Le Maître répond : « Le genre d'individu qui, n'ayant que deux chemises, en vend une et, avec la somme recueillie, achète des fleurs. »

LA MANIPULATION

Le Maître écoute une femme se plaindre de son mari.

Finalement, il lui dit : « Ton mariage serait plus heureux, ma chère, si tu étais une meilleure épouse.

— Et comment puis-je devenir une meilleure épouse ?

— En n'essayant plus de faire de ton mari un meilleur mari. »

L'ATTACHEMENT

« Je n'ai aucune idée de ce que demain apportera, alors je veux m'y préparer.

— Tu as peur du lendemain, sans comprendre que la journée d'hier était tout aussi empreinte de menaces. »

L'EXHIBITION

Lorsqu'un des disciples déclare son intention d'enseigner la Vérité aux autres, le Maître lui propose un test : « Prononce un discours. J'y assisterai afin de voir si tu es prêt. »

Le discours du disciple suscite beaucoup d'admiration. Lorsqu'il prend fin, un mendiant s'approche du disciple, qui se lève et lui offre son manteau — un geste édifiant pour les membres de l'assemblée.

Plus tard, le Maître déclare : « Tes paroles étaient pleines d'onction, mon fils, mais tu n'es toujours pas prêt.

— Pourquoi pas ?

— Pour deux raisons : premièrement, tu n'as pas donné à cet homme l'occasion d'exprimer son besoin ; deuxièmement, tu ne dédaignes pas d'impressionner les autres par ta vertu. »

LE CONTENTEMENT

Aussi paradoxal que cela puisse paraître, le Maître insiste toujours sur le fait que le véritable réformateur est celui qui est capable de voir que les choses sont parfaites comme elles sont, et de les laisser telles.

« Alors pourquoi voudrait-il réformer quoi que ce soit ? demande un de ses disciples.

— Il y a réformateurs et réformateurs : certains laissent couler les actions en eux tout en ne faisant rien eux-mêmes ; ce sont des gens qui changent la forme et le courant d'une rivière. Les autres génèrent leur propre activité ; ce sont des gens qui s'efforçent de rendre la rivière plus mouillée qu'elle ne l'est déjà. »

LA GRÂCE

Un jeune homme vient voir le Maître et lui dit : « Je voudrais être Sage. Comment puis-je y arriver ? »

Le Maître soupire et répond : « Il était une fois un jeune homme comme toi. Il désirait être Sage et son désir était très puissant. Un jour, il était assis exactement là où je me trouve. Devant lui était assis un jeune homme, là où tu es assis en ce moment. Et le jeune homme disait : "Je voudrais être Sage !" »

LA SUPÉRIORITÉ

Un disciple oriental fier de la spiritualité de l'Orient vient voir le Maître et lui dit : « Pourquoi l'Occident est-il reconnu pour son progrès matériel et l'Orient pour sa spiritualité ?

— Parce qu'au début, répond laconiquement le Maître, lorsqu'on a distribué les provisions du monde, l'Occident a eu le premier choix. »

L'INCOMPÉTENCE

Le Maître insiste sur le fait que l'ultime obstacle qui nous empêche d'atteindre Dieu est le mot et concept "Dieu".

Furieux, offusqué, un prêtre vient discuter la question avec le Maître. « Comment pouvez-vous nier que le mot « Dieu » nous mène à Dieu, demande-t-il.

— Je ne le nie pas, dit calmement le Maître.

— Comment une chose peut-elle aider et en même temps être un obstacle ? »

Le Maître répond : « L'âne qui te conduit à la porte n'est pas le moyen grâce auquel tu entres dans la maison. »

L'AUDACE

Un visiteur déçu déclare : « Pourquoi mon séjour ici n'a-t-il pas porté fruit ?

— Serait-ce parce que tu n'avais pas le courage de secouer l'arbre ? », répond le Maître avec bienveillance.

L'UTILITÉ

Lorsqu'un disciple décide de quitter le Maître afin de retourner dans sa famille, il demande à ce dernier de lui donner quelque chose à emporter avec lui.

« Médite sur ceci : Ce n'est pas le feu qui est brûlant, mais toi qui le ressens ainsi.

« Ce n'est pas l'œil qui voit, mais toi.

« Ce n'est pas le compas qui trace le cercle, mais le dessinateur. »

LA COMMUNION

Quand il ne fait plus aucun doute que le Maître va mourir, ses disciples décident de lui offrir des obsèques dignes de lui. Le Maître, qui a vent de la chose, leur dit : « Avec le ciel et la terre pour tombe ; le soleil, la lune et les étoiles pour atours de funérailles ; et toute la création pour m'escorter jusqu'à ma dernière demeure, comment pourrais-je désirer autre chose ? Que peut-il y avoir de plus beau et de plus grand que cela ? »

Il ne veut pas être enterré, mais les disciples ne veulent rien entendre, protestant qu'il se fera manger par les animaux et les oiseaux.

« Dans ce cas, assurez-vous que j'ai mon bâton à côté de moi afin de les chasser, dit le Maître avec un fin sourire.

— Comment y arriverez-vous ? Vous serez sans vie.

— Dans ce cas, il importe peu que je sois dévoré par les oiseaux et les animaux, n'est-ce pas ? »

BOXE À VIDE

Aux nouveaux venus, le Maître dit : « Frappez et la porte s'ouvrira pour vous. »

À certains d'entre eux, il dit d'un ton de conspirateur : « Comment peut-on s'attendre à ce que la porte s'ouvre alors qu'elle n'a jamais été fermée ? »

LES FORMULATIONS

« Que cherches-tu ? dit le Maître à un érudit qui vient lui demander conseil.

— La vie », dit ce dernier.

À quoi répond le Maître : « Si tu dois vivre, les mots doivent mourir. »

Lorsque plus tard on lui demande ce qu'il a voulu dire, il répond : « Vous êtes perdus et abandonnés parce que vous vivez dans un monde de paroles. Vous vous nourrissez de mots, vous vous contentez de mots alors que vous avez besoin de substance. Un menu ne satisfera pas votre faim. Une formule n'étanchera pas votre soif. »

LA DISCRÉTION

Un homme reconnu pour sa spiritualité vient voir le Maître et lui dit : « Je ne peux prier. Je ne comprends pas les Écritures. Je ne peux faire les exercices que je recommande aux autres...

— Alors laisse tout tomber, dit le Maître avec bonne humeur.

— Mais comment le pourrais-je ? Je suis censé être un saint et avoir de nombreux partisans dans cette contrée. »

Plus tard, le Maître déclare avec un soupir : « Aujourd'hui, la sainteté est un mot sans réalité. Elle n'est authentique que lorsqu'elle est une réalité sans nom. »

LA LÉGÈRETÉ

Conformément à sa doctrine selon laquelle on ne doit rien prendre trop au sérieux, pas même ses propres enseignements, le Maître aime raconter cette histoire à propos de lui-même :

« Mon premier disciple était tellement faible que les exercices l'on tué. Mon deuxième est devenu fou à force de pratiquer les exercices que je lui avais recommandés. Les capacités intellectuelles du troisième se sont émoussées à force de contemplation. Mais le quatrième a réussi à conserver sa santé mentale.

— Comment y est-il arrivé ? lui demande-t-on.

— C'est peut-être parce qu'il était le seul à refuser de faire les exercices ! », dit le Maître en hurlant de rire.

LA VANITÉ

Le Maître rappelle souvent à ses disciples que la sainteté, comme la beauté, n'est authentique que si on n'en a pas conscience. Il aime réciter ces vers :

« La rose fleurit parce qu'elle fleurit.
Sans se demander pourquoi.
Et elle ne se pomponne pas
pour capter mon regard. »

Ainsi que le dicton : « Un saint est un saint jusqu'à ce qu'il se rende compte qu'il en est un. »

L'ÉDUCATION

Si méfiant qu'il soit envers les connaissances et l'éruditon en matière divine, le Maître ne rate jamais une occasion d'encourager les arts et les sciences et toute autre forme de savoir. Il ne faut donc pas s'étonner qu'il accepte volontiers de s'adresser au public lors des cérémonies de remise des diplômes à l'université.

Il arrive une heure à l'avance, car il tient à se promener autour du campus pour admirer ces bâtiments du savoir qui n'existaient pas dans sa jeunesse.

Son discours ne dure même pas une minute. Il dit : « Les laboratoires et les bibliothèques, les couloirs, les porches, les arches et les cours savants, tout cela ne sert à rien si l'âme n'est pas sage et l'œil clairvoyant. »

LES TRIBULATIONS

« Les calamités engendrent le développement et l'édification », dit le Maître.

Il s'explique ainsi :

« Chaque jour, un oiseau trouve abri dans les branches desséchées d'un arbre dressé au milieu d'une vaste plaine déserte. Un jour, une rafale de vent déracine l'arbre, obligeant la pauvre créature à voler une centaine de milles à la recherche d'un abri. Finalement, il arrive dans une forêt pleine d'arbres fruitiers. »

Puis il conclut : « Si l'arbre avait survécu, rien n'aurait poussé l'oiseau à s'envoler et à abandonner la sécurité qu'il lui procurait. »

L'INTRÉPIDITÉ

« Qu'est-ce que l'amour ?

— L'absence de peur, répond le Maître.

— De quoi avons-nous peur ?

— De l'amour », dit le Maître.

MAYA

Le Maître explique comment vient l'édification. Non par l'effort mais par la compréhension.

« Imaginez que vous avez été hypnotisés, et que l'on vous fait croire qu'il y a un tigre dans cette pièce. Comme vous avez peur, vous tentez de vous échapper, de vous battre, de vous protéger du tigre, et même de l'apaiser. Mais une fois l'envoûtement rompu, vous êtes tous radicalement transformés.

« La compréhension rompt l'envoûtement, l'envoûtement rompu apporte le changement, le changement mène à l'inaction. L'inaction, c'est le pouvoir : il n'y a rien qui vous soit impossible sur cette terre, car ce n'est plus vous qui agissez. »

LA PURIFICATION

Le Maître affirme que ce qu'il enseigne n'a aucune valeur, que ce qu'il fait n'a aucune valeur.

Ses disciples découvrent peu à peu que la Sagesse vient à ceux qui n'apprennent rien, à ceux qui désapprennent tout.

Cette transformation est une conséquence non pas d'une chose qui a été faite, mais d'une chose qui a été abandonnée.

LE GÉNIE

Un écrivain arrive au monastère pour écrire un livre sur le Maître.

« Les gens disent que vous êtes un génie. L'êtes-vous ? demande-t-il.

— On pourrait le dire, répond le Maître d'un ton peu modeste.

— Et qu'est-ce qui fait qu'un génie soit un génie ?

— La capacité de reconnaître.

— De reconnaître quoi ?

— Le papillon dans la chenille ; l'aigle dans l'œuf ; le saint dans un être humain égoïste. »

L'HUMANITÉ

Une vaste campagne de publicité a été mise en branle en vue du discours que prononcera le Maître sur *La destruction du monde*.

Le grand jour est arrivé : une foule nombreuse se rassemble au monastère.

En moins d'une minute, le Maître a terminé son discours. Voici ses paroles :

« Les choses suivantes détruiront la race humaine : la politique sans principes, le progrès sans compassion, la richesse sans travail, l'étude sans silence, la religion sans intrépidité, l'adoration sans conscience. »

LE REJET

« En quoi consiste l'Édification ? »

Le Maître répond :

« À avoir l'esprit communautaire, à n'appartenir à aucun parti, à se déplacer sans se limiter à une voie particulière, à prendre les choses comme elles viennent, à n'avoir aucun regret par rapport au passé ni aucune inquiétude face à l'avenir, à bouger quand on est poussé, à aller là où on est entraîné, à être pareil à un grand vent puissant, à une plume volant dans le vent, aux herbes flottant sur une rivière, à la meule qui broie doucement ; à aimer toute la création pareillement, car le ciel et la terre sont pareils à tout. Telle est l'Édification. »

Après avoir entendu ces paroles, un des jeunes disciples se met à pleurer. « Cet enseignement n'est pas pour les vivants mais pour les morts. »

Et il s'en va pour ne plus jamais revenir.